「教育」からの脱皮

21世紀の教育・人間形成の構図

汐見稔幸
Shiomi Toshiyuki

ひとなる書房

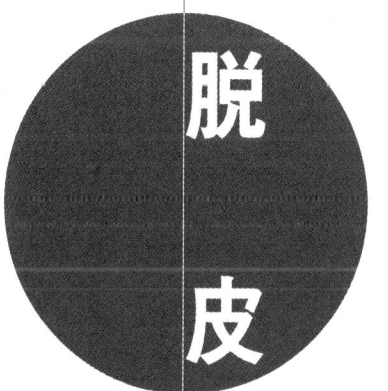

はじめに

次の文章は、いつ、誰によって書かれたものか。

「ある学校に、いつも、全員の先生から打たねばとても駄目だと考えられ、箸にも棒にもかからない子どもがいた。よくよく調べてみると家庭で毎日のように父親に打たれていた。暴力による罪は、人の性格を頑なにし、人を刺激して、自らの受けたと同じようにその相手に暴行する。子どもを殴ることは、子どもの溌剌として感動しやすい感情を傷つけ、混乱させる。教育的な力は微塵もない」

じつは、この文章は、ちょうど一〇〇年前、スウェーデンの有名な教育家、エレン・ケイによって書かれたものである。

ケイは、当時はびこっていた子どもへの教育の名による暴力を何とか根絶したいと願い、あわせて二〇世紀が子どもの幸せをほんとうに実現する世紀になることを祈って一冊の本を書き、それを『児童の世紀』と名づけた。この本に込められたケイの願いは、そのタイトルに込められた願いとともに、またたくまに世界に広がっていった。

それから一〇〇年。

ケイの願いはどこまで実現しただろうか。

ケイの本の出版から正確に一〇〇年経過した時点で、日本の教育界で話題になっていることは「学級崩壊」「低学力」「いじめ」「虐待」……。すべてケイが告発した「暴力」が拡大し、集団化し、多質化したようなできごとである。

一方で、二〇世紀は、科学や技術のめざましい進歩と、その生活への浸透、そしてそれに裏づけられた形で進んだ人権意識の拡大等々として特色づけられる。子どもたちの生活は一〇〇年前に比べはるかに衛生的で便利になり、学習へのチャンスもまぎれもなく拡大した。

そのことによって、子どもたちが手にしたものは疑いもなく大きい。しかし、にもかかわらず、そのことが子どもたちの心のうちの平和、自分と隣人を愛する心、すべての人が生きることを祝福する気持ちを、大きく進歩させたかどうか、私たちのほとんどは確信が持てないでいるのではないだろうか。

同じことは、子どもを育てている大人世代にも問われる。

二〇世紀は「教育」爆発の世紀であった。「教育」という、制度化され、大規模化された人間形成の仕組みによって、二〇世紀が実現しようとしてきた産業化、合理化、近代化等を支える人間の形成が相当効率的に実現されてきた。その一〇〇年をふりかえれば「教育」が時代と歴史のテーマにみごとに対応して、内実を形づくってきたことが理解される。そのひそみにならえば、二一世紀の人間形成のテーマとそれを支える仕組みづくりは、二一世紀の時代と歴史のテーマにもっとも強く規定されることになる。

だがそれは何か。そして、それはやはり「教育」と呼ばれるべきか。

本書は世紀の変わり目にあたって、教育という営みの立脚点を今より少し先の時代に置いて、現代の教育が抱えている諸問題にその位置から光を当て直し、またその中に芽ばえている新しい芽を引き出すことによって、二一世紀はじめの教育の課題とイメージをポジティブに探ろうとするものである。

エレン・ケイは「子どもたちは、まず第一に、人生を観察し、人生を愛することを学び、そして自分自身の力が生きることの最高の価値として認めてくれる」ような学校を「未来の学校」として夢見ていた。この夢を私たちは二一世紀にまでもちきたったが、今度こそはその実現をケイとともにはかりたいと思う。

二〇〇〇年一〇月

汐見稔幸

もくじ◉「教育」からの脱皮

II　日本の子どもの人間形成上の課題

装丁/山田　道弘

第一部　二一世紀の学力観

I

「学力低下」の本質と時代の求める新たな学力

1――日本の子ども・若者の学力が低下している!

(1)「学力崩壊」――大学まで貫かれた「学力低下」現象

二〇〇二年からの本格的な教育改革、学校改革を前にした世紀の境目で、戦後四回目と言ってよい「学力低下」をめぐる論議が活発化してきている。議論はかなりセンセーショナルで、なかにはこのままでは日本は滅びてしまうというような主張もあらわれている。

今回の学力論議の特徴は小・中学生の「学びからの逃走」問題だけでなく、それ以上に大学生の学力が問われ、また、数学の学力についての危惧が議論の中心になっていることである。

論議が本格化したのは、日本数学会の中におかれた「大学数学基礎ワーキンググループ」(代表浪川幸彦名古屋大学教授)や「数学教育を考える会」(代表飯高茂学習院大学教授)が、一九九五年頃から大学における数学教育の困難や問題点を研究しあうようになってからである。前者のワーキンググループ(以下wg)は一九九五年に科研費研究「大学における数学教育の総合的研究」を申請し、そこで全国の大学で数学を教えている教員に最近の大学生の学力についてアンケートを実施した。結果の概要は次のようであった。

このアンケートに「大学生の学力は低下していると思いますか?」という質問がある。これに対して回答者の八九%が「低下している」と答えている。約九割である。これに対して「変わらない」は一〇%、「向上している」は〇%であった。「低下している」と答えた人に「いつ頃そのことに気づいたか」とも訊いているが、「一九八五年頃から」という人と「一九九〇年頃から」という人が特に多いということがわかった。学習指導要領の改訂期と重なりを感じさせる結果であった。つまり、現在の大学人の中で、学生の数学の学力がこれまでより低下していると感じている人が九割を占めているということがわかったのである。

同アンケートの自由記述には様々な意見が書かれている。参考のためにいくつか拾ってみると、

「(最近の学生は)型にはまった問題、対象には対処できるが、そうでないことには手を出そうとしない」

「絶対に冒険しない。先頭は走らない。目立たない。出しゃばらない。なるべく質問しない」

「論理的なこと、抽象的なことに拒絶反応を示す」

「マニュアル的に教えないとだめ」

こうした意見がたくさん並んでいる(西森敏之・浪川幸彦両氏による調査報告。一九九六年四月、これは大学数学基礎教育wgホームページにも掲載されている)。

同グループの一人、東大大学院工学研究科の森正武前教授(この文章を書いているときは京都

大学数理解析研究所所長）は「東大工学部の数学教育」という文章を発表しているが、その中で東大工学部の学生の数学学力の低下の実態を次のように述べている。

「実際、一九八一年から現在まで計四回、教養学部から工学部へ進学する二年次秋に、数学の学力テストを行ったが、その成績は年とともに低下が進行している。第一回の一九八一年に一〇〇点満点で五四・〇点であった平均点が、第二回の一九八三年には五二・八点に下がった。さらに第三回の一九九〇年には四三・九点になり、第四回の一九九四年には四二・三点に下がった。四回ともまったく同一の問題を出題し、時間は一時間三十分で、採点もまったく同じ基準で行っている。いずれにしても、成績の低下、とくに一九八三年から一九九〇年の七年間の低下は著しい。その原因についてはさまざまな意見があるが、決定的な結論を下すには未だ至っていない。」（同上、ｗｇホームページより）

従来から大学の数学関係者は、学習指導要領における数学や自然科学系の時間削減、生徒の全般的な数学嫌いや理系離れの傾向の増大、大学入試から数学や理系の科目をはずす大学の増加などによって、数学的リテラシーの低下がおこってきたことを憂えて、国に対策をとるべく申し出をしたりアピールを出したりしていた。

たとえば日本数学会、日本数学教育学会、日本応用数学学会、数学教育学会の四団体が連名で「数学教育の危機を訴える」というアピールを出している。一九九四年七月である。

アピールは、「……近年、学校教育において数学嫌い、理工系離れの傾向が顕著であり、しかも年々問題は深刻化の一途をたどっている。教育現場にある者達も学生生徒の数学的能力、特に論証能力の著しい低下を身にしみて感じている。」と述べて、次の六点を改善点として提案している。

1　学校教育、特に中学校における数学の十分な授業時間の確保を
2　ゆとりのある、楽しい数学教育で、全ての生徒に十分な数学的リテラシーを
3　小・中・高一貫した体系的教育カリキュラムの検討を
4　主体的学習による楽しい数学教育を、そのためにコンピュータの積極的活用を
5　生きた数学的センスを十分に備えた教員の養成・採用を
6　大学入試における数学の重視と改善を

このアピールに先立つ同年の四月には、物理学系の諸学会からも同趣旨の呼びかけが出されている。理工系の大学のメンバーにとって、若者の理系離れと「学力低下」は、相当に深刻な問題になっていることがうかがわれる動きである（アピールの内容全体については、汐見、井上、小寺編著『時代は動く　どうする算数数学教育』国土社、一九九九年を参照されたい）。一九九五年以来の上記の動きは、事態について関係者の議論を促し、数字でも状況を明確にしようというものといえる。

こうしたなかで、大学生の数学の学力を調べてみようという動きが表れ、実際に学力調査が行なわれるようになっている。

よく知られているのは、京都大学経済研究所教授の西村和雄氏と慶応大学経済学部教授の戸瀬信之氏が、全国の私立大学文系の学生に行なった数学の学力調査である。この調査は「$\frac{7}{8}-\frac{4}{5}=$」というような小学校の計算問題から始まって高校二年生で習う基本問題まで、全二十一問で行なわれた。小学校の計算問題が五問、中学校の計算問題が十一問、高校の計算問題が五問である。応用問題というよりは基本問題といってよいもので、数学好きの人には暗算でも解けるものが大部分である。結果は、私たちでも首をかしげるものであった。たとえば「$X^2+2X-4=0$をとけ」という問題（中三程度）の正解率は、数学を受験科目とし指定しているある私大（偏差値のごく高い私大）では九六・三％であったが、数学を課していない私大では、a校が二七・五％。b校が三二・七％、k校に至ってはわずか九・七％という具合であった。調査にあたった戸瀬教授は「数学入試を経ていない大学生の数学の実力は、中学二年生程度ではないかと思われる」と書いている（和田秀樹、西村和雄、戸瀬信之著『算数軽視が学力を崩壊させる』講談社、一九九九。なお、この調査の詳しい結果は岡部恒治、戸瀬信之、西村和雄編著『分数ができない大学生』東洋経済新報社、一九九九を参照）。

以上に見られるように、すくなくとも現在の大学生は、以前の大学生に比べ、算数・数学の基礎的な計算が苦手になってきていることがうかがえるデータがいくつか出されるようになっている。このデータが最近の「学力低下」問題の社会問題化のきっかけの一つとなったのである。

（2）「学力低下」は教育内容を減らした結果？

最近の「学力低下」議論を活性化させたもうひとつのきっかけは、東大の教育社会学者の苅谷剛彦氏が、最近の日本の子どもの学習意欲と学力の低下ということを問題にして、マスコミに訴え始めたことである。氏は『変わるニッポンの大学』（玉川大学出版）で、藤沢市の市立中学三年生の勉強時間調査を紹介し、それが年々減ってきていること、また自身の調査でも同様の結果になってきていることを明らかにしたが、その後『朝日新聞』（一九九九年一月十一日、五月十二日、五月二十四日等）や『読売新聞』（一九九九年四月二日）、『週刊ダイヤモンド』（一九九九年四月十日号）さらには『論座』（一九九九年十月号）などで旺盛に自説を展開した。

氏の主張は以下のようにまとめられる。

①大学生の学力は低下してきている。高校生の平均の学外学習時間が一九七九年の九十七分から一九九七年の七十二分と二十五分も減っているし、東大文系の学生に鎌倉幕府の成立と滅亡の年を知らないものが三分の一もいた。これらは、基本的には受験の圧力が弱まったためである。

②勉強時間は親の所属階層と相関してきており、以前のように無関係ではなくなってきている。これは学力の階層的な格差の拡大が生じていることを意味している。

③二〇〇二年の教育改革は、学力低下に拍車をかけてしまう。また少子化でいっそう学力低下は進む。当然次世代にもこのことは引き継がれ、このままでは日本人の学力低下はとめどなく進む。

概略以上のようであるが、苅谷氏のこうした議論と、先の数学教育関係者の学生の学力低下批判とが合流する形で、あちこちで学力低下を危惧する議論が始まったわけである。『週刊朝日』一九九九年十一月五日号には河合塾が毎年同一問題で行なっている塾生の学力調査の結果が載っているが、それによると、一九九九年と一九九五年とを比べた場合、一九九九年の成績中位の塾生の数学の点数は一九九五年の中位の塾生に比し二〇％近く点数が落ちているなど、成績上位、中位、下位のいずれも点数が落ち込んでいる様子が数字ではっきりとでている。とりわけ中位の塾生（受験生）の落ち込みが大きい。また『日経新聞』は一九九九年八月二十九日と九月五日版で、全国大学学長アンケート（四百九十二大学が回答）を行なった結果を載せているが、このアンケートでも、八三・六％の学長が最近の大学生の「学力低下」を懸念していると答えている。

こうした議論は、数学だけでなく、今日の大学生に全般的な「学力低下」が生じているという危惧が拡大していることをうかがわせている。

左記の一連の批判の中で、苅谷氏は、世界のいわゆる先進国の教育改革は学習内容をむしろ高度化したり学力競争を強める方向に向いているのに、日本だけが逆になっていて、内容を減らし、やさしくする方向に向いていると批判をしている。学力が低下してきているのに、それに拍車をかけるような改革をどうしてするのかということである。教育内容を減らせば、自動的に子どもたちの学力がさらに下がってしまうと結論づけるのにはもう少し慎重さが必要であるが、この懸念はさしあたり理解できるものである。

今回の学習指導要領の改訂で、系統的な学習の時間が減り、内容の曖昧な総合的な学習の時間が増えることで、結果として学力低下が起こるという批判をしてきた教育関係者のグループには、苅谷氏の批判は強力な援軍を得たという印象を与えたものと思われる。

2――古い時代の学力へのこだわりと「学力低下」の本質

(1)「新しい学力観」と「カッタルイ」現象

以上のように見てくると、最近の大学生の「学力低下」は、特定の誰かが大げさに騒いでいるというのではなく、実際に今日の大学生の中に生じていることらしい、ということがわかる。

実は、こうした「学力低下」問題は、今見たように大学生を念頭において問題になっているだけではない。文部省が一九九三年～九五年にかけて全国の小・中学生の一％を抽出して行なった学力調査（教育課程実施状況調査）でも、やはり懸念される結果になっていたのである。

その結果をたとえば読売新聞は「考える力や応用力、表現力を問う問題の正答率の低さが目立った」（一九九七年九月三十日付）と特徴づけているが、その内容はかなり深刻である。

一例を挙げてみよう。中学一年生の理科に次のような問題がある。台秤にレンガがひとつ乗せられている絵が描かれている。その横に同じ台秤に同じレンガが、底になる面が変えられて乗せられている絵が描かれている。その横にやはり底になる面がもうひとつ変えられて置かれた図が描かれている。要するに同じ直方体（レンガ）を、置き方を三通り変えて台秤に置いた絵が描かれているわけである。問題は、この三つの絵をみて、台ばかりの目盛りは同じかそれとも異なるかを判断しなさいというものである。

中学生の問題としてはやさしすぎるのではないかと思われたが、結果はなんと正解率五一・七％であった。十二年前（一九八五年発表）の同調査で同じ問題を出したときの正解率は実は六九・八％だった。この十二年間で二〇％近くも正解率が下がったことになる。

同じ中学一年生の数学の問題に、地面に棒が立ててあって、太陽によってできたその棒の影が描いてある、という問題がある。問題は絵を見て太陽の高度を測る方法をことばで述べようというものであるが、この問題にいたっては正解者は一〇・四％しかいなかった。十人中九人が答えられていないわけである。

中二の社会科に、歴史新聞をみんなでつくったという想定で、次のような問題がある。新聞の中程に「やったあ、農民ついに立ち上がる！」という見出しの記事が書いてある。「この記事は正長の土一揆についてのものですが、この記事を貴族の立場から書いたとき、どのような見出しが考えられますか。自由に書きなさい」という問題である。要するに当時の身分制度を知っていて、支配者の立場からならどう書くだろうかという問題である。解答は、たとえば「農民が反乱起こす」というように書けばいいのであろうが、この問題も正答率は二〇％程度、つまり五人に一人しかできなかった。

このように、生徒たちの学力の内容は、ふだん考えたこともないような問題や、現実の中に身をおいて具体的かつ臨機応変に考えなければならないような問題になると、極端に正答率が落ちるという傾向を示していた。各新聞が「考える力」や「応用力」が身に付いていないと見出しを出したのは、決して誇張ではないのである。

ちなみに、文部省はこの調査の詳細なデータを公表していない。公表して関係者の論議を呼び起こすべきではないかと思うが、そうしないのはどういうわけであろうか。いわゆる「新しい学力」が喧伝され、「関心・意欲」が重視され始めた「結果」がこれである。単純な因果関係にあるわけではなかろうが、二〇〇二年からの学習指導要領改訂の際の大事な基礎資料となっているはずである。いったいどうした議論がなされたかが国民にまったく伝わってこないのは大いに問題だというべきであろう。

それはともかく、これらを見ると、大学生だけでなく、今、日本で学ぶ子どもたち全体に「学力」の何らかの「低下」現象が生じているらしいことは、以上のことから十分に想像されよう。

その内実は、今みた小・中学生の学力実態から考えると、単純な「学力低下」というよりも、学ぶこと自体が「カッタルイ」という感覚の蔓延といったほうがよいのかもしれない。見たこともないような面倒くさい問題なんてイイヨ、という声が聞こえてくるような結果である。こうした現象が、学級崩壊現象が始まったのと軌を一にして生じていることは自明であろう。

『朝日新聞』は一九九九年十一月から〈学校2〉シリーズの連載を始めたが、その第一回で、最近、塾でも子どもたちがすぐ「わかんないよ」「メンドイ」などといって、ねばり強く考えたり取り組んだりしなくなっていることを、塾教師へのインタビューで描いている。

今や、塾の教師も子どもたちの「教育」に苦労し始めているのである。

(2)「学力」とはその社会の知的能力・性向

こうした状況をどう評価すべきであろうか。

このことを考える前に、ひとつだけ確認しておきたいことがある。それは私たちのなかに「学力」を個人に属する概念だと考えがちだが、そうではなく、学力はまずは社会に属する概念と考えるべきだということである。それぞれの社会や時代には、それぞれの社会や時代が有している「学力」があり、個人にあらわれる学力はその社会的な能力(社会の持つ性向)の個別のあらわれ・反映という側面が強い、このことを積極的に認めようということである。

この発想は、学力という概念を個々人の個別の能力ととらえ、社会全体の学力というものがもしあるとしても、それは個々人の学力を合算したものであるという考え方を逆転するところに眼目がある。まず社会全体の知性のあり方というものを想定し、それが個々人の知的な能力の形成に影響を与えていくと考えるのである。

「学力」とは、まず社会の持つ知的雰囲気であり、社会の有する知的、芸術的関心であり、社会が行なう知的処理の質であって、それが個々人の学力形成に規定的な影響を与えていくと考えるべきだということである。

「育児能力」という概念などもそうであるが、私たちはすぐに、これを個々の親の持つ能力と考えてしまう。そして育児能力を高めるためには、親の自覚や育児のスキル（身についた技法）を高めてもらわねば、と発想してしまう。

しかしこうしたやり方で、この間、親の育児能力が少しでも高まっただろうか。育児能力も学力と同じで、元来、まず社会の育児能力というべきものがあり、そのあり方に影響されて個々の親の育児能力が決まってくる側面が大きいのである。たとえば地域の人間的なつながりや子どもの社会集団などの子育ち環境の充実度、あるいは社会の子育ての知恵とその伝達のあり方、さらには家庭や地域社会での生産的、文化的活動への子どものくみ込み等々が社会の育児能力であり、その具体的なあり方によって、親の育児負担や育児行動が変わってくる。親の育児能力はそうした社会のもつ育児能力と相関して決まってくるものである。学力も同じである。

社会の学力というのは、たとえば人びとが町でどんなことを話題にして話し合っているのか、マスコミでどのようなことが取り上げられているのか、テレビでどのようなたぐいの番組が人気があるのか、サラリーマンが公のテーマで話し合う場が保証されているのか、親が子に語るときのテーマには何が多いのか……等々というような形であらわれる。それらが親の知的関心、知的態度に影響し、子どもとのコミュニケーションにも反映する。子どもはマスコミを媒介して、あるいは大人を介して、社会の知的態度をとり入れるのである。

このように学校で子どもたちがどのような学習テーマに関心を持ち、どのような態度で学習に臨むのかということは、学校のなかの論理や倫理だけで決まるわけではない。こうした社会の学力が、子どもおよび教師の知的かまえを規定し、学習の内容や質に影響を与えていって、学校での学力形成に影響を与えていく。

このことを認めると、仮に子どもたち、若者たちに「学力低下」という現象が生じているとしても、それは、子どもたち、若者たちだけに生じているわけではないということが帰結されることになる。そうではなく、社会の学力の側に問題や低下が生じていて、それが子どもたち、若者たちの個別の「学力低下」を導いている、少なくともそういう面が強いと考えるべきだということである。

大人社会の雰囲気や態度に「低下」が生じないで、子どもの世界だけにそれが生じているなどということはありえない。それは教育主義的発想の裏返しである。

（3）ＯＥＣＤレポートに示された「日本人の学力」

このことを示している例をひとつ紹介しておこう。

経済協力開発機構（ＯＥＣＤ）が一九九八年に発表したSCIENCE AND TECNOLOGY IN THE PUBLIC EYE（「公共的な視点から見た科学と技術」）というレポートには、世界の十四カ国の国民の科学や技術に対する関心の強さや知識の程度を比較したデータが載っている。

その中から二、三を紹介してみよう。

表1のほうは、十四カ国の国民が科学や技術、医学等の新発見や論点となっていることがらについて、どの程度関心を持っているかを、千人程度へのインタビューから構成した結果である。見られるように、日本人は各項とも十四カ国中最下位になっている。表は、一〇〇点満点で、一〇〇がとても強い関心、五〇がまあまあの関心、0がまったく関心なしという基準である。

報告書には、

「しかしながら、十四カ国の調査結果は、日本だけは著しい例外を示したが——国民の大部分は生活に日々直接影響する科学上、技術上の領域については、高いレベルの関心を持っていることを明らかにした。」（傍点、汐見）

表1　諸問題への関心についての比較検討

	科学上の新発見	新発明と技術	医学上の新発見	環境破壊	インタビューを受けた人数
カナダ	63	59	77	74	2000
日　本	31	35	52	59	1450
米　国	67	66	83	74	2006
ベルギー	53	52	60	67	1000
英　国	64	62	72	71	1000
デンマーク	62	59	61	79	1000
フランス	68	65	76	77	1000
ドイツ	51	50	60	74	2000
ギリシャ	67	66	75	86	1000
アイルランド	49	51	58	60	1000
イタリア	65	61	67	80	1000
オランダ	63	65	75	80	1000
ポルトガル	46	44	54	62	1000
スペイン	58	56	63	71	1000

出典：MILLER, Jon (1996), "Public Understanding of Science and Technology in OECD countries: a Comparative Analysis", paper presented at the Symposium on Public Understanding of Science and Technology,OECD, Paris.

14ヵ国の市民の科学的教養度

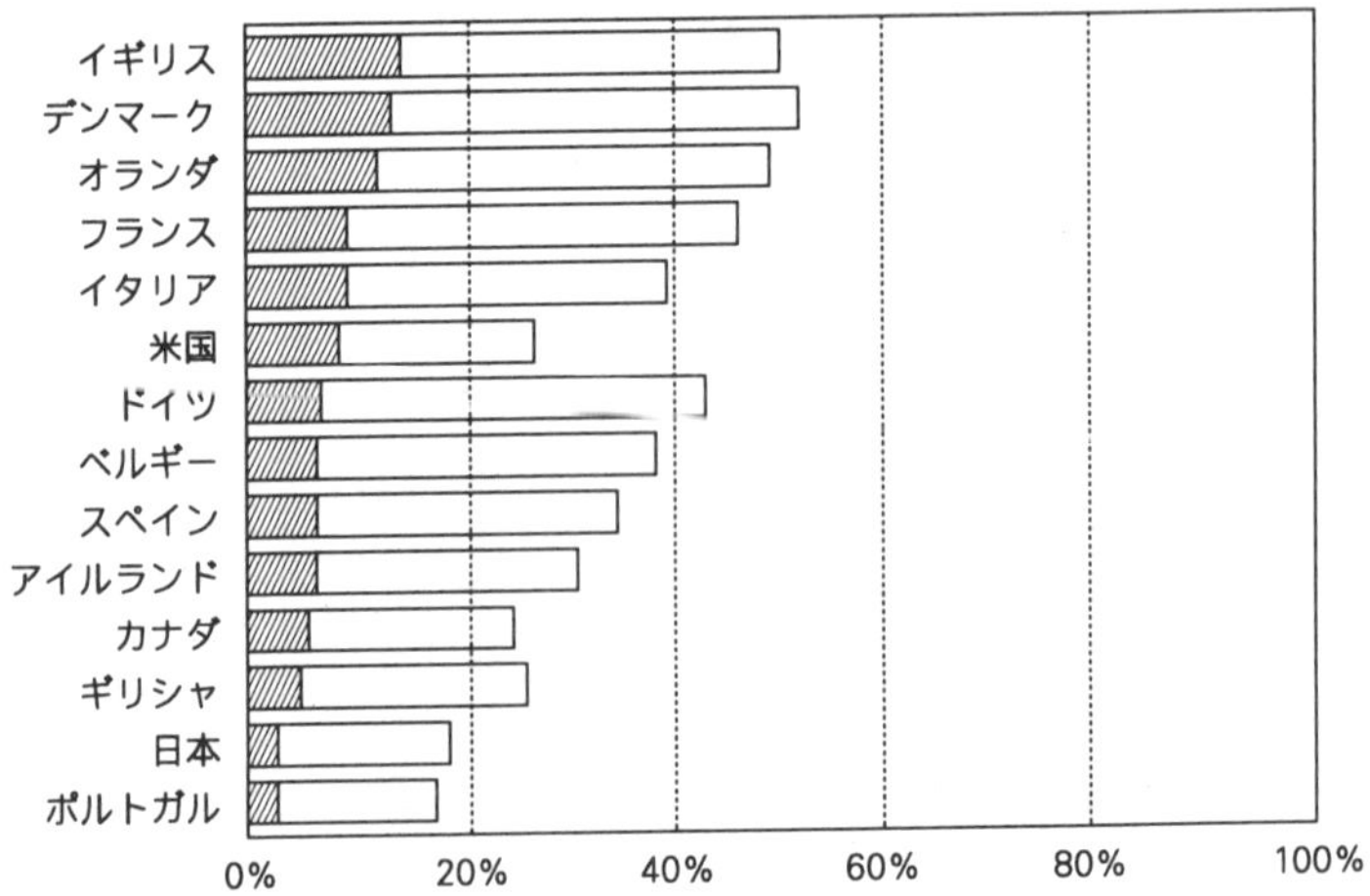

と書かれている。はずかしいことだが、「日本だけは著しい例外を示したが」と、日本だけこの問題についての国民の関心が特別に低いという結果だったと強調されている。

グラフのほうは、同じ十四カ国の国民へのインタビュー結果を、科学上の諸知識を国民がどの程度知っているかを基準にグラフ化したものである。斜線を引いた部分は、「非常によく知っている」で、白い部分は「まあよく知っている」をあらわしている。

グラフは「非常によく知っている」の高い順に並べているが、ここでも日本は最下位からかろうじて二番目にすぎない。

報告書は、どのような内容のインタビューをしたのかは示していないので、この順位がそのまま国民の科学的リテラシー（Scientific literacy）の上下を示しているとは言えないかもしれないが、それにしてもこの結果はどうであろう。

『世界』誌二〇〇〇年五月号で、東大の佐藤勝彦教授（宇宙物理学）が「科学に無関心な日本社会」と題されたインタビューを受けている。その中で佐藤氏が次のように述べていることが興味深い。

「一九九二年来、アメリカの『ピープル』という特別ハイブラウではない週刊誌がその年の一〇トップスターという特集を組んだのですが、「宇宙の放射能のゆらぎ」を発見した私の友人がベスト5に入っていたんです。これは宇宙が火の玉で始まったということに関する重要な発見で、『ニューヨーク・タイムス』も日曜版で二面か三面使って特集を組んでいるんですね。日本ではあり得ない話ですよ。

神岡鉱山で、ニュートリノが質量を持っていることが発見されたとき、私は偶然アメリカにいたのですが、もちろん日本の新聞も取り上げましたが、セントルイスの小さな新聞にまでちゃんと大きくでていたんですよ。アメリカ人の科学に対する興味はすばらしいなあと驚きましたね」

(4) 日本社会全体の「学びからの逃避」

こうした調査結果や発言から、日本人は少なくとも科学や技術に関わる新しい知識に関する限り、世界の主要国のなかで、もっとも関心が低く、また実際の知識も持っていないと判断されているることがうかがえる。たとえばエイズとＨＩＶ感染の違いとか、日本の河川の環境改善は進んでいるのに、湖沼の環境改善はほとんど進んでいないのはなぜかとか、等々のことを国民があまり知らないでいるということであろう。

こうした知識は今日では環境問題や生命問題への社会的関心如何ということに依存している面が大きいから、日本人は、残念ながら、生活のなかで生命問題や環境問題へ関心を深めていこうという姿勢が他国に比べて弱いということらしい。

なぜそうなってしまっているのか。さまざまな理由はあるだろうが、私は次の二つが重要なのではないかと考えている。ひとつは、日本人とくにサラリーマン等の勤労者が、公益をめぐる自由な議論の場をあまりにも奪われているということであり、もうひとつは、支配的な教育の質に問題があるということである。

自由に公益を求めて議論をするということこそ、公共性と政治の本質だと主張し、大きな影響を与えてきたのは、H・アレントである。彼女は「卓越性」(supremacy)を求めて生きることこそ公的生活における最高の価値だと主張したが、その主張は、生きるために(食べるために)財を求めて競い合う場としての「社会」は、その堕落形態だという現実への強い批判と裏腹であった。つまり、自分の会社の利益のような私的な利害関係を離れて、人びとが異なる存在であるということを前提的に認め合った(「plurality 多数性の承認」)公的空間のなかで、自由に公益を求めて議論しあうことこそが公共性であり、政治の本質なのだと主張したわけである。(アレント『人間の条件』ちくま学芸文庫等参照)

アレントの公共性論は、今日のようにすべての人が政治に参画しうる物質的条件が整ってきた時代には、なるほどと思えるのではないだろうか。しかしそう考えると、今、日本人、とくにサラリーマンは、いったいどこにこうした公益を求める議論の場を持っていることになるのだろうか。家庭がそういう場になっていないことは明らかであろう。勤務先もそうなっていない。せいぜい勤め帰りの一杯飲み屋ぐらいか。

どのような社会が望ましいのか、政治の現代的テーマは何であるべきか、教育改革のテーマは？等々をめぐって、みんながそれぞれの私的利害を離れて議論しあう。その中に科学や技術への期待と不安ということが入ってきて、みんなで意見を交換しあう。ときに学習会、講演会にも参加する。こういうことがあまりになくなってきているのではないか。以前の日本社会では、村々で、農業を守るためには、あるいは村の行事を首尾よく行なうために、さらには行政の要請に対応するために、村人たちがしょっちゅう集まって長老的人物のもとで議論し合っていたということを民俗学者の宮本常一は『忘れられた日本人』（岩波文庫）の中で生きいきと描いている。今は、こうした公共の議論の場が、ほんとうになくなってきている。

マスコミのはたす役割も、こうした公論の場づくりという視点から評価されねばならない。

一九九〇年代あたりから、テレビのゴールデンアワーの時間帯は、ほとんどバラエティーものになってしまい、マスコミ＝娯楽という形容がぴったりになってしまっていると感じるのは、私だけではないと思う。「マスコミ」というのは、大衆のコミュニケーションの謂であり、みんながコミュニケーションに参加する場を提供することがつとめであったはずなのに、である。かつて「一億総白痴化」という言い方があったが、差別的なそのニュアンスは別として、これは今の時代にこそふさわしい形容詞ではないか。テレビを見ながら、国民の多くが科学や技術のあり方に鋭い監視の目を働かせていく、それがテレビの内容づくりにはね返っていく——そうした循環はほとんど消えてしまっている。

日本人は（別に国民国家にこだわっているわけではないが）、今、何を考え、何を議論しあっているか——これが国民の学力といわれるものの正体であろう。その内容が時代と深くコミットしたものにならず、私的利害だけを追ったり、表面的なながさみや娯楽がテーマになっているのだとしたら、そのもとで暮らしている子ども・若者たちは、何をこそ学び議論しあうのかということについてのイメージをそこから容易には汲みとれないはずである。

つまり、今、日本の子どもたち、若者たちに深刻な「学力低下」や「学びからの逃避」という現象が生じているとしても、それは、子どもたち、若者たちの責任で生じていることではなく、社会全体がそうした「学力低下」「学びからの逃避」に陥っていることの教育的に屈折した反映と考えたほうがよいということである。

国民が全体の利益を考えて議論し合う場や時間を持てないでいることと、子どもや若者がそこに巻き込まれて、学びへの動機づけを励まされないままでいることとは、メダルの表裏にすぎない。誰もが自由に参加して公益をめぐって議論しあう場を社会の中でどう創造していくか、問われている大切なことのひとつは、このことだと思う。

(5) 時代状況にふさわしい〝学び〟の転換が求められている

科学や技術の問題への国民的関心が弱いということの背景にある二つ目の問題は、現代の日本の支配的な教育の内容と方法上の問題点である。

詳しくは後に見たいが、学校での学習は、近代的な価値の学習ということだけでなく、その時代・社会を生きる庶民の現実生活上の関心に応えて、実際的効果を生みだすものでなければ、長続きはしないものである。明治のはじめに近代学校が始まったとき、しばらくたってあちこちで学校焼き討ち事件が起こったが、このとき、学校の教育内容は当の庶民の生活や教育期待とおよそかけ離れたものが多く、そのうえ授業料を取られたことが反発を招き、学校こわしを生じさせたのであった。

私たち大人の世代は、たいてい戦後の復興期や「成長」期に子ども時代・若者時代をすごしているが、そのとき受けた教育も、その当時に期待された内容や役割を少なくとも現在よりは有していた。

実際的効果とはどういうものか。例を挙げてみよう。

①明治期以来の反復訓練的学習（からだで覚える方法のひとつとされた）は、まだ手ワザの必要性が生活のなかに多く残っていて、コツコツと反復しつつ身につける生活行為（仕事、食事づくりなどの家事、地域の営み等）のための訓練の意味をもっていた。じっと耐える学習が、じっと耐える労働のヒナ型でもあった。この点で学校での学習と社会での学習には同型的関係が多くあった。

②テレビ、ビデオ、新聞、雑誌、漫画、さらには電話、コンピュータなどの、今日では情報

を流布するメディアとして一般化している媒体の発展度がはるかに低く、高度な情報は学校で教えてもらうより他に手に入れることができなかった。そのため、学校は今よりも信頼度が高く、教師の権威もそこから派生して、ある程度確立しやすかった。

③戦後のとくに高度成長期以降の学歴志向への大きな動きのなかで、当時の若い世代は親の世代よりも高学歴になる可能性が高かった。がんばりしだいで高等教育を受ける可能性が拓かれた。これは子ども・若者の学習への動機づけの理由となりえたが、今日では条件は大きく変わっている。

今日、若い世代がいくら努力しても親より高学歴になれる可能性は少ないし、たとえ高等教育のキャリアを獲得しても、それが人生の切り札となる可能性はうんと減少している。

以上は、学習内容・方法の実用性、情報リソースとしての信頼性、社会的上昇手段としての実効性という三つの効果であるが、実際の効果はこれにはつきない。ただ、この三つを見ただけでも、学校教育の実際的効果感は、大きく変化してきていて、率直に言って効果は減ってきているということが理解されるだろう。つまり今日、学校は、今日という時代状況にふさわしく、子どもや若者の生きていくうえでの関心や現実的利害に応えるものに変容していかなければならないのである。しかし残念ながら、多くの学校では、そういう視点からの「学びの変容」「学習の転換」は始まったばかりであり、まだ旧態の教育が支配的である。そのことが子ども・若者たちの学びからの逃避や学びの忌避感覚を強めている。

「学力低下」と言われているものが、じつは社会の学力低下を背景とした現象で、子ども・若者への教育的屈折を経た反映であるというのは、このように、時代の大きな変化にもかかわらず、次世代に提供しようとする「教育」が、新たな時代的要請、とりわけ若い世代の学びの要求に十分に対応しきれていない、ということもあらわしている。そう考えると、先に見た子どもたちの個別で実際的な「学力低下」の克服のためには、これまでと同じような教育をもっとていねいに行なえばよいとか、受験にかかわる何らかの「圧力」をかけるべきだ、というような議論をしているだけではダメだということが見えてくるだろう。「学力低下」は事実だとしても、その克服は未来指向性を持っていなければならず、またその方向の明確化は社会全体のテーマなのである。

3――「学力」概念の歴史性

(1) 産業社会日本を支えた価値観と学力観

これまで「学力」という言葉を注意もしないで使ってきたが、「学力」という概念は、幅が広く、多義的なので、私自身はこれを教育学のキー概念とすることに賛成ではない。しかし、一般に広く使われているので、ここでも用いることにしているのだが、もし用いるとしたら、今見てきたように、これを個人内在的概念とのみ考えるのではなく、まずは社会に属するものと考えるべきだというのが私の意見である。

「学力」の概念規定でもうひとつ大事なのは、すでに明らかだと思うが、学力概念を規範的で普遍的なものと考えるべきではなく、歴史や社会という文脈に依存した歴史的概念と考えるべきで、その内容は時代や国がらによって異なってくるものとすべきということである。

つまり「学力」の内容は、その社会で大人になったら必要とされる、主として知的な力のことと考えられるということである。学力の内容は、社会が要求する知的な力の（学校的に屈折した）表現なのである。

この視点を応用すると、戦後の日本の学力の内容は、戦後史の変化に応じて、大きく二つに区分することが可能になる。

まず、戦後の前半。この時期、日本人は農業社会をこわして（大量生産が可能な規格品型の）工業社会をつくることをめざした。それゆえ、学力の内容も、新しい工業社会の担い手としての知的能力や情的態度の形成を目標として構想されていた。こうした社会の担い手をめざして形成される学力は〈工業社会型学力〉と総称することができるだろう。

わが国の〈工業社会型学力〉には、今日考えると、少なくとも次の四つの特徴があったといえる。

①ドリルや書き取りなどの反復訓練、パタン・プラクシス、丸暗記による知識の要領よい記憶等々がそれなりの「効力」を有していた。

②受験ということが学びの現実的な動機づけとなりえた。

③系統的な知識の教授と学習が基本的な形態であった。

④日本型のサラリーマン社会に対応できるよう、あれこれまんべんなくできて、また知っていることが期待された。

①は、前節で見たように、学力という名の社会から期待される能力が、それぞれの時代の生活の質を反映しているからである。生活のなかでこつこつと反復的な努力をしなければいけない部分が多くあり、それをいとわない人間が評価される時代には、学校で「こつこつ」の訓練がされても、あまり疑問に思わない。また、コンピュータの発達していない社会ゆえに、情報の整理、記憶を、正確にかつたんねんに行なうことが、労働上、生活上のたいせつな能力とされた。ドリルやパタン・プラクシスはその格好の練習場であった。

②は、農業社会では、一部を除き、高い学力を志向する者はいなかったが、工業社会では学歴がパスポートとなり、かつ努力しだいで高評価のパスポートが入手可能だったからである。

④は工業社会といっても、サラリーマンがモデルで、しかも日本的経営のもとで、会社の指示に忠実に従うオールラウンダーがめざされたからである。いわゆる大企業に「就社」(「就職」で

はなく）するために、個別の能力の高さではなく、言われたことを何でも要領よく、しかもまんべんなくあれこれこなせるという証拠を、学力偏差値や合計点の高さ、出身学校名で示す必要があったのである。

③は、新しい産業と技術を担う能力を丹念に準備することが課題であるかぎり、問題解決的な学習よりも基礎的な力が重視されるので当然であろう。大規模な工業化社会の到来を予測しているとき、職人的な手ワザや身体技法を身につけるよりも、応用のきく一般的知識（脱文脈化された知識）のほうが期待されたのは、ある意味では理解されやすい。一般化された基礎知識が将来役に立つはずと信じられていたのである。

しかし、こうした〈工業社会型学力〉がそれなりに「有効」であったのは一九七〇年代の中頃までであった。その後、日本社会は急速に変容し、情報化、国際化、消費化等の社会原理が一挙に広まっていった。

(2) 〈工業社会型学力〉観のほころびと〝学びのリアリティ〟の転換

戦後日本社会は、ほぼ十五年を単位として、農業社会、工業社会、ポスト工業社会と変わっていったが、社会のドミナントな産業が変われば、基本的にはそこでの生活のモラルもまた学習への動機づけや子どもたちが期待する学習上の効果への感覚も変化していく。

六〇年代の工業社会は、「大量生産、大量消費社会」をめざしたが、この社会は、つくったものを大量に買わせないと成り立たない社会である。つまり工業社会は、その論理が反省されないかぎり、必然的に消費社会に入っていくことになる。

わが国が消費社会（「豊かな社会」）段階に入っていきはじめたのは、本格的には一九七〇年代の中頃だと考えられる。農業社会や工業社会においては、手でものを作るというのが大事な価値で、苦労しながらつくったものをみんなで大事にして使う習慣があった。そうした社会では、「がまんする」とか「自分で努力して作る」というのがモラルの原点になっていた。六〇年代には、たとえば「お腹がすいたからファミレスに食べに行こう」という人はいなかった。「ファミレス」そのものがなかったし、レストランに行くというのはよほどハレのとき以外はなかった。それが、七〇年代の後半から八〇年代にかけて大きく様変わりし、「今日は疲れたからファミリーレストランに食べに行こう」ということが、何もおかしいことだとは思われないようになった。「お母さん、疲れたから、今日はコンビニ弁当買って食べて」ということでもすんでしまう。

こうした急速な社会と生活の変化は、「めんどくさかったら買ってすませばいいじゃないか」、「苦労して手作りしなくても、もっと安いものを売っているよ」という論理を生活のなかにどんどん浸透させていくプロセスだといってよかった。

こうした変化は、苦労しながら、ものをていねいに作って、それを大切に活用することにこそ人間らしさがあるという価値世界をどんどん崩壊させていく。かわって、じょうずに情報を集めて、安いものを買ってくればいいという価値世界を登場させる。その結果、人びとの中には、その場その場で消費的欲求が満たされないと欲求不満が残るという精神構造がしだいに強くできあがっていく。欲求をできるだけ効率よく楽に実現したいという感情を支えている価値観は、消費的＝コンサマトリーな価値観といわれている。コンサマトリーな価値観にとっては、今、その場が大事なのであって、先々が大事なのではない。

農業社会や工業社会では、たいていの欲求はすぐには実現しないので、時間の軸のなかで欲求の実現や自分のあり方を考えるということが大事なことであった。だから、歴史をどういう方向に動かしていくのかということについても共通の関心になりやすく、歴史を通じて変わらない価値や歴史を通じて実現しようとする価値、すなわち普遍的な価値に関心が向かいやすかった。

しかし、消費社会になると、今、その場で欲求を実現することがめざされるため、「先がどうなるかは知ったことじゃない」という感覚がどうしても強くなる。それが普遍的な価値観を後景に退かせていき、社会についての作為的な（自分たちでつくるものであるという）意識も後退させる。フランスの哲学者リオタールは、こうした事態をさして「大きな物語」の崩壊と形容したが、ポスト工業社会、ポストモダン社会では、〈歴史への参加意識〉はそのままでは必然的に後退する。

そうしたポスト工業社会に一番最初に放り出され、あるいは出向いていったのは当然子どもたちであり、若者たちである。大人たちは社会がそういう方向に変わっていっても、自分たちの価値観をかんたんには変えられなかったが、子どもや若者は、「今」「ここ」の刺激や価値を大切にし、その中に生きることの新たな手応えを求めて、サブカルチャーをどんどんつくっていった。

おりから進んだ情報化も、情報を入手する方法の急速な多様化と情報入手の簡便化、情報量の膨大化などによって、人間と情報のつくるネットワークのあり方を大きく変容させはじめた。間接情報の比重の極端な拡大という現象も、このネットワークシステムに変化をもたらしている。これらは、情報を伝えることを手段としている学校への期待感と学びのリアリティをまぎれもなく変えていった。

こうして七〇年代の中頃から、社会・文化が大きく変容していったとき、それと切り結ぶ新しい社会のモラルや知性をどう育てていくのかということを根本から考えなければいけなかったのである。ところが、社会の変化があまりにも早かったことと、こうした変化への反発やとまどいがあったため、新しいモラルや知性の形成に向けた議論をていねいに展開することができず、大人の世代は、古いやり方を子ども・若者たちに押しつける結果となった。当然、とまどいや反発が一斉に起こった。

とまどいや反発は校内暴力、いじめ、不登校等「教育病理」的な形態をとることが多かったが、やがて学力形成にも波及する。「学びのリアリティの喪失」とそこからの「逃避」である。

学びのリアリティの変化は、学校の日常に影響を及ぼしていく。たとえば、日常の生活においては、子どもたちは筆算で計算をするという必要性がほとんどなくなってきている時代を生きつつあり、人間の能力の中で、計算がきちんとしかも速くできるということを重視する発想も、生活の中から自然には生まれなくなってきている。また、漢字の書き取りも同様で、ワープロが一般化していく時代に、一つ一つきちんと筆順も含めて覚えなければならないという発想が子どもたちから消えていくことは、おそらく避けられない。

こうした変化は、学校でこつこつドリル的に訓練されるということを忌避する傾向を子どもたちの中に確実に強めていく。暗記をするということもそうである。雑誌、テレビ、ビデオ、コンピュータなどどこを見ても情報だらけの社会で、どうしてそれらをこつこつ覚えていかなければならないのか、子どもたちに納得させることは難しくなっている。

説明が少し長くなったが、もう一度先に工業社会の学力形成の特徴として挙げた四点を思いだしてほしい。このようにみてくると、先の①から④の〈工業社会型学力〉の特徴は、時代の変化の中で、ことごとくあてはまらなくなってきていることが理解されるだろう。受験も、それをまだ重要な動機づけにしている層はもちろんあるが、贅沢を言わなければどこかの高等教育機関に入れると考えている層、はじめから長い準備を面倒に思って成り行きに任せている層などと分化もしている。「豊かさ」の中でフリーターでも生きていくぐらいは何とかなる世の中だからである。

また、地球規模で未解決の問題が氾濫してきていて、どうしたら少しでも解決のめどが見えるのかということが市民的な関心事になってきているときに、そういうことの解決にほんとうに役に立つのかどうかわからないような系統的知識を、ねばり強く丹念に積み上げていくイメージの学習も、当然歓迎されなくなる。テレビなどで科学・技術の最先端のことが取りあげられ、CG

を使ってわかりやすく解説されているのに、学校での学びは、そこまでいくにはほど遠い印象を与えているということもあろう。コンサマトリー（消費的）な価値観は、今、ここでやっている学習がどう役にたつのかを、その場で子どもたちが実感することを要求する。その結果、受験の圧力がなければ、特別にしたいと思わない学習が増えてくる。

サラリーマン型の生き方も、終身雇用がなくなることが確実の社会で、しだいに見切りがつけられてきていて、新しい職人型の生き方が模索され始めている。オールラウンダーが忌避されてきて、もし求めるとしたら、一芸に長じたいというのが本音という若者も増えている。

こうした動きを、「脱工業社会型の学力」、あるいはもっと積極的に「多文化共生型の学力」が要求され始めていると形容してみよう。そうすると、先の「学力低下」論議にも別のスポットが当てられることに気がつくはずである。なによりも、学力が「低下」しているという資料の大部分が、これまでの〈工業社会型学力〉をモデルとしていることが問題であろう。

以前のモデルの学力形成を強いる学校に、子ども・青年たちはさまざまな忌避感を抱き始めていて、また受験に変わる新しい社会的な学習の動機づけを求め始めている。その裏返された表現が「学力低下」であり、「学びからの逃避」なのではなかろうか。少なくとも「学力低下」の背後には、そうした学びへの欲求と提供している内容のミスマッチということが反映している。そして、子どもたち、若者たちが、時代にふさわしい「多文化共生型の学力」形成を希求し始めていると読みかえることこそが、時代的な要請なのだと思われる。

現実の学校をはじめとする教育システムはこの問題に十分には対応していない。――このことを、この間の「学力低下」状況は示している、このことは確かではなかろうか。

4――多文化共生時代の学力と総合学習

(1) 多文化共生時代とは

私は、子ども・青年たちの学力が「低下」してきていることに強い危惧を抱いている。しかし、だからといって、もっと受験的な勉強をさせなければならないとか、もっと基礎的な反復訓練をさせなければならない、という単純な結論を導いてはいけないとも思っている。「学力低下」現象は、子ども・青年たちが今求めている知的訓練に学校や現行の教育システムが応え切れていないということ、および大人社会自身が知的逃避を起こしていて、彼らにうまく学びの動機づけを与えきれていないことの表現なのであって、そこを冷静に分析し対処法を導こうとしないで、彼らに対してイライラした大人の感情をぶつけて、かつての学力訓練を押しつけてもうまくいくとは思えないし、ますます「学び」からの逃避を導きかねない。今はなによりも新しい知的訓練が大人にも、子ども・若者にも必要な時代なのである。

多文化共生時代の学力にはどのような特徴があるのだろうか。学力が当該社会に参入する際に期待されている基礎的な知的能力だとすると、この社会が、何よりも地球市民的な問題関心をしっかりと持っていることを構成員に要求するということと学力イメージがつなげられなければならないだろう。

多文化共生時代というのは、多様な異文化が一定の基準で縦に系列化されてしまうのではなくて横に対等に共存し、異なる集団間の利害対立を相手への支配につなげるのではなく平和的に調節する、そうした意志が普遍化していかねばならない社会である。民主主義がそれを壊そうとするものとの闘いを通じてしか現実化しないように、この社会は、差異を権力的に消し去ろうとするものとの闘いを通じて、差異ある人びとが、その差異を相互認識の鏡としながら共生していくことを日常のモットーとする社会である。そうしないことには、小さな差異がたえざる争いの種となり、環境との共生をあいまいにすると、地球規模での破壊が容易に現実化する。

この社会は国際化、情報化等が実際になりつつある社会であって、環境問題にしても人口問題にしても、自分の問題と地球規模の問題を常につなげて把握することが要求される社会であり、地球規模での共存・共生ということをベースにしないとさまざまな問題の解決が不可能になる社会である。一言でいうと、差異を解消しないで、差異を認めながら平和的に共存していく意志と能力を地球規模で育てることが最大の課題となる社会である。それが新たな市民、地球市民育成の最低限の内容であろう。

したがって、この社会では幼い頃から、個別の共同体の利害よりも、地球全体の利害を優先する思想を身につけなければならず、それゆえに、今、地球自体が抱えている課題を丹念に理解し、その性格を考えて、克服の方策を探る意志を育てることが最大の教育課題になる。また、異なるということが、相互排除の導因になるのではなく、自らを相対化させてくれ、それゆえに多様であることが豊かさの条件であると感じ取っていくことが教育の課題となる。単純な普遍主義、相対主義ではなく、相対的であることにこだわりながら新たな具体的普遍を模索することが価値の機軸にならねばならない。

たとえば、教師が真理の代弁者で、その伝えたものをよく覚えておくことが学ぶことだとされるような授業はこの時代には通用しない。いろいろの考えが提出され、みんなの吟味にかけられて、異なる意見が多様にあることが理解の深まりの条件であるということが実感できるような授業が要求される。また、資源を再利用したり還元するという哲学が身につかねばならず、その方策が幼い頃から訓練されなければならない。環境問題は学んだけれども、次の日から生活がまったく変わらないという学習では市民的な能力は高まらない。多文化共生時代の学力形成では、学びが市民的関心に支えられるとともに、学び自体が市民的関心を深化し、市民的能力を広げることを目的として行なわれなければならない。

また、多文化共生時代の学力は「文化」ということばをキーワードとする学力でなければならないと思う。

(2) 多文化共生時代の学力のイメージ

私は、文明と文化ということばを教育学的に区別する必要を強く感じている。もともと文化(kultur)ということばにドイツの精神的高尚性という意味合いを込めようとしてきたドイツに対して、文化を脱価値化し、人間の行動様式全般へと拡大して解釈しなおしたフランスとの対立が背景にあるのだが、今は、その細かな相違はさておいて、最近の社会変化と文化、および教育課題としての文化という問題を考えると、この二つを区別しないとうまく課題が立てられないように思うからである。

文明とは、ここでは科学や技術の発展を基礎に、生活をより快適により効率的に……という欲求に応える制度的で人工的な構成物である、としておきたい。テレビも電話も自動車も冷蔵庫も、すべて文明の産物であり、その成果にわれわれはずいぶんとおんぶさせてもらって生きている。しかし、文明のみに依拠した生活を考えていると、スイッチ一つ、リモコン一つで食事、洗濯、掃除、娯楽等がすべてかんたんにできるようになり、人間は究極的には寝ていても欲求が満たされるという生活になってしまう。タレパンダがそのイメージであろう。これだけで人間はしあわせになれるのだろうか。あるいは地球とうまく共存できるのだろうか。

それに対して、文化（culture）はcultivateという語からきているように、もともと土を耕すというところから派生した語である。cultivateには、土を耕すだけでなく、よく手入れする、洗練する、友情を求める、などという意味もある。要するにcultivateには①自然にふれて、②手作りで、③価値あるものを生み出そうとして、④友情を暖めながら、⑤実際に何かをつくり出す、という意味が込められているのである。したがって、私は文化という語には、文明とは対照的に、自然とふれ、身体を使い、手作りで、面倒をいとわず、苦労し、協力して、価値あるものをつくり出そうとする営み、という意味が込められているのだと解釈したい。家族で協力して餃子をつくって、みんなでワイワイ言いながら食べるのは文化であるが、買ってきたでき合いの餃子をチーンと暖めて食べるのは文明である。文化としての食事と文明としての食事。

文明は文化の成果を一定の文脈（たとえば制度化、商品化）に乗せてつくられてきたものであるが、それにかまけていると、生きいきと自然と交わり、苦労しながら自分を実現していき、人と協力して協同して生きていることのうれしさを感じるなどという営みからどんどん疎外されてしまう。今やそうした危機が現実のものとなりつつある。スウェーデンは原子力発電所の危険性を考えて、かつてこれを廃止することを決議し、すでに廃止を開始したが、きっかけは原発の破壊事件であった。このときスウェーデンはトナカイの糞を燃やしてでも、将来原発を廃止すると決議したのであった。このスウェーデンの選択は、文明としてのエネルギーから文化としてのエネルギーへの転換といってよいものであろう。今、ドイツが同じ試みを始めている。

多文化共生時代の学力は、したがって、次世代に、自然とふれ、協同して、身体を洗練し、手作りで、価値あるものを生み出していくという文化の深みを多様に体験させ、その延長に自分の生き方を発見していくような学びを用意しなければならない。イリイチの言う「コンビビアルな知」(＝生きいきとした共生を支える知、I・イリイチ『シャドウ・ワーク—生活のあり方を問う—』岩波書店、一九八二年、特に3章と5章参照)をイメージすればいいと思う。それが、新しい学力の内容の一つのイメージになる。

以上のように多文化共生時代の学力の要件を考えてみると、総合的な学習の意味も見えてくるのではないだろうか。

わが国には、すでに問題解決学習の形で展開されてきたすぐれた総合学習の伝統がある。鈴木正気氏の一連の実践、日生連(日本生活教育連盟)の総合学習の諸実践(たとえば和光小学校)など、枚挙にいとまがないほどである。(Ⅳ章参照)すぐれた実践記録に総合学習的なものが多いのは、それらが、今述べてきたような、多文化共生時代の市民的関心に支えられたものであったり、文化ということへのこだわりをもっているからである。いや、むしろそうした関心やこだわりがなければ総合的な学習という方法は生かされない、と考えたほうがよいと思う。

多文化共生型の学力は、こうした総合的な学習を必然的に要請する。が、そのことについては章を改めて論じることにしよう。ここではさしあたり、「学力低下」問題の歴史的、社会的射程を大まかに定めておくことにとどめておきたい。

II　日本の子どもの人間形成上の課題

前章をふまえて、この章では多文化共生時代の学力の内容についてもう少し広い角度から検討したいが、その前提を確認するために、本章では、一九七〇年代後半以降、日本の教育と人間形成上に生じてきていると思われる問題や課題を整理し、それらを克服していく方策を考えてみることにしたい。その内容によりそいながら、新しい学力形成の方向について検討していく。

さて、一九七〇年代以降、日本の教育と人間形成上に生じている問題をあげておくと、次の七点が挙げられるように思う。

1　教育や育児の目標に、子どもが自分のかけがえのなさを深く信頼するようになること、という一点が十分に貫かれていないこと。またその力を系統的に育てきれていないこと（**自己肯定感の育成の問題**）。

2　人生の選択肢が多様化し、増えているにもかかわらず、子ども・若者が自分で自分の人生を選択する力を育てることが教育や育児の基本となりきっていないこと（**選択能力と主体の形成の問題**）。

3　価値観が多様化し、解決策が容易に見えない大きな問題が多発しているにもかかわらず、問題解決的な力の形成が重点目標とならず、〈解を自分でつくる力〉の育成や〈自分の考え〉をもてるようになることを教育・育児の基本目標にしきれていないこと（**判断主体の形成の問題**）。

4　人間形成の全体を問題にすると、地域等における「形成」の役割を見直さねばならないのに、いまだ家庭と学校における「教育」のみを問題とする傾向が強いこと（「教育」および**学校化過剰の問題**）。

5　情報が氾濫し、商品としての情報に操作される度合いが増しているのに、情報を自前で生産する現場に立ちあわせて情報管理の主体を育てていく教育に切り替えられていないこと（**情報管理主体形成の問題**）。

6　学校が「文化の変容」に十分対応しきれていず、とくに真性の文化を体験することに学校の任務を焦点化させていく努力が不十分なこと（**真性の文化体験の問題**）。

7　家庭の育児環境や条件が貧困化していて、親が子育ての自信を失いつつあるのに、学校をふくめた社会が親の育児をうまく支えるようにはなっていないこと（**家庭と育児の危機**）。

以上につきるわけではもちろんないが、少なくともこれらの問題や課題は日本の教育の最重要な問題として共通に了解されておく必要があるように思う。

以下、これらについて簡単に説明しておきたい。

1――自分という存在を深く肯定することの意味

まず最初の、子ども・若者の自尊感、自己肯定感の育ちの問題について。

日本の子どもの学力問題として、計算はできるのに応用は弱いということはつとに指摘されてきた。これは知的な認識能力に固有な問題に思われるかもしれないが、私はそれだけではなく、自我や心の育ちの問題も深く関係していると考えている。課題設定の力や視野の広さ、多様な視点から考える力などは、自己への深い信頼にもとづく思考の柔軟性を必要としているからである。そこで、ここでは自尊感や自己肯定感と言われているものの内実について、少し脱線することになるが説明しておきたいと思う。

日本の子どもは自尊感がきわめて低いということは、これまで私は何度も問題にしてきた。(たとえば『ほめない子育て』栄光教育研究所、『地球時代の子どもと教育』、ひとなる書房、『親子ストレス』平凡社新書などを参照)

それはデータにも明確にあらわれていて、ほとんどの人がそれをみてショックを受けるほどである。

理解されているとは思うが、「自尊感」がある、あるいは「自己肯定感」が育っているということとは、一般にいわれるように、うぬぼれ心が強いこととか、根拠がなくとも自信だけはあるというような、単純な精神的なタフネスのことをさしているのではないし、いわゆるプライドが高いということをさしているのでもない。

わかりやすくいえば、弱点も長所もたくさんもった、「ありのままの素顔の自分」をそのまま自分で受容し肯定できるということ、つまり人の評価に過敏なあまり、人からよく見られようと思って変に気負うとかいうことをしないで、そのままの姿で「これが世界にたった一人しかいない自分です、それ以上でも以下でもありません」といろいろな人の前にさし出すことができるということをあらわしている。

自分という存在のかけがえのなさを深く自分で肯定しているといってもよい。

別の言い方をすると、自己肯定感が育っている人というのは、自分の心の中で最初に感じた感情（初発の感情）や自分の心の深いところで感じている感情や欲求をたいせつにし、それに誠実であろうとするパースナリティである。

逆に自己肯定感が低いということは、自分の心の深いところにある素直な欲求や感情ではなく、他者からよく見られたいとか、社会の期待に合わせた評価をほしいというような「偽りの自己感情」で行動しやすい人だということになるだろう。

自尊感が育っているということは、心の深いところであれこれの感情を感じて生きている人間が、その感情のそれぞれを無理なく引きうけているということであり、生きている自分に肯定的な感情をもっているということである。その意味で、自尊感の適度な自覚は精神的な健康さを示しているのである。そして自尊感にもとづく向上心は、無理をしない、その人の本心にもとづく向上心である。

自尊感、自己肯定感の育ちが不十分であると、たとえば次のような性格や行動が生まれやすくなる。

①何に対しても「がんばらなければダメだ」と思い込む性格になりやすい。うまくいかないと き、すぐに自分の努力が足りないからだと自分を責め、追いつめやすい。

②自分に注がれる他者のまなざしに敏感になり、たえず他者に気遣いをするという傾向を生みやすい。〝私は私〟という感覚が不十分なので、みんなと同じでないと不安を感じるようになる。

③自分の見解を積極的に表現することへのためらいを呼びおこす。〝こんなこと言ったらどう思われるだろう〟という気持ちが心のどこかに強く残り、自信をもって堂々と主張しづらい。

④異文化への許容力が育ちにくい。自尊感は、「他人とちがう自分」に誇りをもつ感情だから、別の他者も「自分は自分」と思っていてよいという感覚を育む。それが弱いと、異なるものへの許容力が弱くなりがちになる。

以上のように考えると、自尊感、自己肯定感の育ちの弱さは、自立的な人格形成にとってマイナス要因となる可能性があること、自分の考えを自由に表現して、そのぶつかりあいの中で解を探り合うことを喜びとする感覚を身につけるのが苦手になる要因となりうることなどが理解されるだろう。計算に強く応用に弱いというのは、このように考えると、自分の意見を自由に表現するなかで、自分の意見を持つことが学びの目標だという感覚がうまく育てられていないことの反映でもあるということになる。自己肯定感の育ちの問題は学力問題でもあるわけである。

2 —— 自分で自分の人生を選択する力を育てる

二番目の問題は、「人生の選択肢が多様化し、増えているにもかかわらず、子ども・若者が自分で自分の人生を選択する力を育てることが教育や育児の基本となりきっていないこと（選択能力と主体の形成の問題）」ということであった。

この問題は理解されやすいのではなかろうか。今日のスタイルの学校ができたかつての時期と現代とで大きく異なっているのは、かつては基本的価値観が人びとの間で比較的共有されていて、労働スタイルや生活スタイルの幅もうんと小さかったのに、今は価値観が多様化し、人生の選択肢も圧倒的に増えてきて、人びとの基本的価値観、嗜好、人生イメージの描き方などもはるかに多様になってきたことである。

このような時代には、学校の画一的なやり方への反発が生じやすいだけでなく、子どもたちが自分で納得のいく人生選択をすることが困難になることも予想しておかねばならない。選択肢が増えるということは、自分にぴったりの人生を多くの可能性の中からじょうずに選ばなければならなくなることを意味しているが、人生経験の少ない子どもたちが、その選択を首尾よくできるとは思われない。選択肢が拡大すればするほど、自己の選択不全感が高まることも逆に予想される。

したがって、教育や育児は子どもが自分の人生をじょうずに選ぶことができるようにさまざまに援助していくということを基本方針にしなければならなくなる。そのために大事なことは、家庭でも学校でも、子どもたちに生き方の選択のヒントになるような、そして真性の文化的価値と出会えるような体験をたくさんさせてやること、あるいは価値ある生き方をめざして生きているいろいろな人に出会わせてやることであろう。

とくに学校では、仕事を選ぶとはどういうことか、職業にはどのようなものがあるのか、自分は何がしたいのか、生き甲斐とは何か、等々を教育（学び）のテーマにしたカリキュラムを考えることが必要になるだろう。残念ながら、現実の育児や教育には、そうした柱がきちんと立っていないことが多い。かつて尾木直樹氏らが、東京の石神井中学校において「人間、生きる」というテーマでこの問題にチャレンジしたことがあったが（尾木直樹『思春期ばんざい』草土文化、一九八九など参照）同主旨の実践は必ずしも広がっているとは言えない。

この現実をどう変えていくのか、この問題にも今後の学力形成と教育の帰趨がかかっているように思われる。

3――〈解を自分でつくる力〉を育み〈自分の考え〉を持てる

三番目の問題点として挙げたのは、「価値観が多様化し、解決策が容易に見えない大きな問題が多発しているにもかかわらず、問題解決的な力の形成が重点目標とならず、〈解を自分でつくる力〉の育成や〈自分の考え〉をもてるようになることを教育・育児の基本目標にしきれていないこと（判断主体の形成の問題）」ということであった。

この問題もとても大事な問題と思われるが、ここではこれを先の自尊感の育成の問題と重ねて検討しておこう。

三木清と同時代の哲学者、戸坂潤は、かつて『認識論』という書物のなかで、それまでの哲学的認識論を批判して興味深いことを述べたことがある。

かんたんにいえば、人間の認識はものごとを三人称的なレベルで、つまり一般論のレベルで認識するにとどまってはならない、そこから進んでそれらを「自己一身上の問題」として認識しなければほんとうに認識したことにはならない、というのである。つまり客観的な、物事はこうなっているのだという突き放した認識を、個々人の心の内で「自己一身上の問題」としていわば「道徳化（モーラライズ）」するところまで進まなければほんとうの認識にはならないというのである。

この提起は今日の教育問題を考えるときの大事なヒントになっているように思う。

かつてドイツのある中学校教師が日本に勉強にきたとき、日本の中学校の環境問題を扱う授業をみてこう述べていたことが思い出される。彼はこう言ったのである。「確かに日本の環境問題の授業の水準は高いと思う。教材もよく準備されている。でも、日本の中学生は、どうして、授業で環境問題を勉強したあと、道で空き缶を拾おうとするようにならないのか」と。

これも戸坂と同主旨の問いであるが、この疑問に日本の教育の問題点がうまく表現されている。日本の戦後教育実践史のなかには、この問題に独自に切り込もうとしていたものがいくつもある。無着成恭の『山びこ学校』は、社会科という枠の中で、知識がいかにモーラライズされていくかを如実に示した例と言えるだろう。生活綴方教育のなかにはこうした試みが多く見られる。七〇年代の鈴木正気の『川口港から外港へ』の実践や丹羽徳子の『明日に向かって』の実践は、異なった角度と方法論であったが、七〇年代にこの問題にせまろうとしたものであった。（Ⅳ章参照）

戦後、一橋大学の学長をつとめ、国民教育研究所の所長という仕事を担っていた上原専禄が、戸坂とは異なる角度からであるが、日本の教育はすでに明らかにされた法則を理解することだけにこだわって、その法則と子ども・青年の一人ひとりとの関係を自覚させることを怠ってきた、と批判したことも同じ問題意識に発しているように思う。上原は前者のような認識を「法則化的認識」と呼び、後者のような認識を「課題化的認識」と読んで区別し、後者を育てることこそが教育にとって重要だという問題提起をしたのであった（上原専禄『国民形成の教育』評論社）。

自尊感の育ちということは、こうした文脈で考えると、知識を「一人称化」し、「私にとっての意味」を自覚するようになるということと重なっていることが理解されるだろう。

三人称的な意味＝語義的な知識だけでは、自我の中の〈この私〉を肥らせることには必ずしもつながらないのである。

自分の考えを持つということも、同主旨である。知識をまとめてモーラライズし、私の感情や価値の世界に組み込み直して（求心化し）、世界に対峙する姿勢をつくり続ける（遠心化する）。このことの追求が、日本の教育は全般としては、残念ながら弱かった。

総合的な学習（総合学習）の意味は、この視点からも深められなければなるまい。

4――子どもが育つ場を根本から見直す――地域社会の役割

四番目に挙げたのは、「人間形成の全体を問題にすると、地域社会における『形成』の役割を見直さねばならないのに、いまだ家庭と学校における『教育』のみを問題にする傾向が強いこと（学校化過剰の問題）」であった。

これまでの学校教育は子どもたちが地域や家族、家庭の中で、一定の社会化を体験してくることを前提として成り立っていた。入学後も、学校教育と地域、家庭での人間形成は分担しながら平行して進むということを暗黙の前提としていた。家庭や地域社会の中での意図せざる人間形成、すなわち結果としてある態度や能力を育成することになる活動や体験を通じた人間形成のことを「教育」と区別して「形成」あるいは「生成」というとすると、意図的で制度的な人間形成の試みである「教育」は、膨大な「形成」によって支えられていたのである。

たとえば、子どもはかつて地域社会の子ども集団に参加し、毎日毎日、ガキ大将が引っぱっていく冒険や探索、集団あそびに参加し、親の知らないところで遊びの技能を身につけていた。

こうした遊びが豊かであると、子どもは遊びの技術だけでなく、冒険心や挑戦心、集団行動力、社会性、身体能力など、あるいは少々のいじめに耐える力やがまんする力などを無理なく身につけることができた。

これらは生きていくうえで、もっとも基本的な人間性と言えるものであるが、その多くを、かつては親や教師による「教育」を通じてではなく、地域の中で自前で身につけたのである。

学校生活に必要とされる規律や耐性などは、「形成」作用の中で身につけたこうした力をベースに育てられた。授業中じっと聞いている態度などは、教師が学校で新たに育てる前に、子どもたちがある程度自前で身につけていて、その上に立って育てられたものであった。

ところが、こうした人間形成力のある地域の人間関係や場はどんどん消失してしまっている。

地域社会で自前で育たなくなった冒険心、挑戦心、社会性、耐性等々は、人間に必要なくなったわけではない。そのためにこうした人間的資質は家庭と学校が分担して育てなければならなくなっている。

今や、ブランコに乗れるようになるよう親は子どもを公園で「教育」しなければならなくなっている。学校も、それまで形成的に身につけた人間的資質を「しつけ」るという名目で「教育」することが期待されるようになっていった。こうして家庭と学校の「教育」機能への期待が肥大化し、ときに機能不全を起こすまでになったのである。

こうした機能不全状況が、昨今の不登校やひきこもり等の遠因となっていることは想像しやすいのではないだろうか。

問題は、人間形成の全体を視野に入れたとき、これまで無視してもよかった形成（生成）機能をも含み込んだ教育的な観点が必要となっているのに、そのことを理解せず、家庭や学校に「教育」的機能の強化を訴えるだけという論調があいかわらず強いことである。

子どもたちの社会的形成がうまく機能しなくなり、その結果生じている問題を家庭に転嫁しても解決できるわけがない。たとえばかつては地域社会で遊具を手作りすることで手に入れた「器用さ」や「工夫する力」を、今の子どもたちはそのままでは手に入れられなくなっている。それが学力形成にも負の形で反映することはさけられない。そうだとしたら、手作りすることのおもしろさや楽しさを幼児期から豊かに体験するような育てへの視点を広げていくしかないということになるはずである。

要するに学校教育と社会教育の相互乗り入れが大切になっているということであるが、それ以上に、人間形成、学力形成の総合的視点、全体性という視野をもてるか否かが問われているのだと考えられる。

5――情報に操作されるのではなく情報管理の主体を育てる

五番目の問題は「情報が氾濫し、商品としての情報に操作される度合いが増しているのに、情報を自前で生産する現場に立ちあわせて情報管理の主体を育てていく教育に切りかえられていないこと（情報管理主体形成の問題）」であった。

近年の情報革命、ＩＴ革命は、人類の知的ツール（利器）の発展史のなかで、きわめて興味深いできごとだと思われる。

私は、これを人類の第四段階の文化革命と定義している。人類の文化革命の第一段階は、ことばを手に入れたとき、第二段階は文字や数字を手に入れたとき、第三段階は望遠鏡や電話など、人間の五感の機能をけた違いに拡大するツールを手に入れたとき、そして第四段階はいうまでもなく、情報を人間にかかわってつくり出したり、蓄えたりするツールを手に入れたとき、である。

第一段階は周囲の世界からのアナログ情報をデジタル化したこと、第二段階はそれを記録する方法を獲得したこと（これを手に入れた民族は「国家」をつくって支配システムを拡大した）、第三段階は世界からの情報入手の量や交換量、速度をけた外れに大きくしたこと（これが近代の科学革命を支え、今もその発展は続いている）がその文化革命の主要な内容をなしているが、第四段階は、いよいよ人間の思考を機械がとってかわって行なう時代の到来を示唆している。

情報化社会というのは、こうした社会全体の情報生産、蓄積、流通のメカニズムの大幅な転換、発展ということだけでなく、人間と情報との関係のあり方の変容、人間一人ひとりにおける情報獲得と人間形成のあり方の変化ということも意味している。

したがって、〈情報化社会と教育〉というテーマを立てると、その射程はきわめて大きくなり、情報を伝えることを媒介にして、人間形成の一部分を担っていくことを仕事としている学校の役割も、根本から検討をせまられることになる。

例をあげると、次のようなことがただちにテーマになるだろう。

①情報そのものは、インターネットなどでかんたんに手に入るのだから、必要で良質の情報を選択して伝えるということは今後も重視されるだろうが、情報を伝え、理解を促し、蓄えさせるという教育スタイルそのものは、うんと減っていくだろう。それよりも情報をつくり出す作業そのものに参加させるような訓練のほうが重視されるようになるのではないか。このことを早期に検討しなければならない。

②情報が手軽に手にはいるということは、社会的重みづけの欠けた、人間の脳の一部分を刺激する情報だけが重視される可能性があるということでもある。情報が商品となり、「自由」市場に委ねられて流通している現実では、このことがいっそうあてはまる。

子ども、市民を情報の評価者としてどう登場させるのか、その際の評価視点を社会がどう作りあげていくのか、あるいは人間が情報システムに有機的に組み込まれている現実をどう認識し、「異化」させるのか、等々のテーマが生じるだろう。

③情報のメディアが多様に発展してきたということは、素朴でベーシックな身体表現から、種々の新しいツールを用いた電子表現に至るまで、表現のメディア、ツールを重層化しうることをあらわしている。そうしたメディアを駆使することによって、人間の表現可能性がどう拡張するのか、そしてそれによっていかなる表現空間との関係性が生まれるのかが問われる。

eメールの発展はメール友だちやメール恋愛などの新たな「親密性」を生みだしているが、そうしたサイバー（電子空間的）な関係の意味と、それが教育に照射するものなどを急いで検討しなければならない。

以上に尽きるものではないが、これだけでも、今日の学校教育がメディア変容の現実に十分対応しきれていないことが理解されるだろう。教育は、広義では人間形成のメディアのひとつであるだけに、メディア変容が教育の具体にどうした影響を与えるのかの検討は重要課題となる。

6――真性の文化の深みを多様に体験する

六番目は「学校が文化の変容に十分対応しきれていず、とくに真性の文化を体験することに学校の任務を焦点化させていく努力が不十分なこと（真性の文化体験の問題）」であった。

「文化変容」というのは、もともと文化人類学の用語で、植民地経営などの際に、支配者の側の文化が非支配者の文化に浸透し、後者を変容させていくプロセスをさしている。しかし、ここではそれを拡張して、先の文化革命の議論とつなげて用い、コンピュータ等による新たな文化状況が、旧来の文化と齟齬（そご）をきたし、旧い文化を駆逐したり、変容させていく様をさすものとする。

本書で「文化変容に対応する」という言い方をしばしばするが、それは、新たな文化（メディア）が生みだされていくことに符節するように、教育の方法や内容を変えていくという、一方的、受動的な関係をさしているのではない。

文化が歴史的に変容していくのはある意味では必然であるが、しかしその変容は、より多くの人間の幸せを実現し、地球規模での平和的な共存を促す方向を向いている、あるいはそれを支えているとはかぎらない。文化変容に「対応する」というのは、新しく生じつつある文化や価値に、人類史的な視点から見て致命的な問題が内包されていると判断される場合は、むしろそれを批判するということを含んでいなければならない。ときに、旧い文化にこだわる、すなわち「変容」を強いるある文化動向に対して抵抗するという形で文化変容の具体に変形を加えることが、文化変容に「対応する」ということになる場合もある。

ただしここで、「文化変容」と言っているときの「文化」は、前章で「文明」と区別して「文化」を定義したときの〈文化〉とはやや内容が異なっている。

「文化変容」という語がもともと文化人類学のものであることに明らかなように、この場合の「文化」は、人間の行動様式全般やその背後にかくれた生活の仕方、行動の仕方の文法のようなもの全体をさしている。

もちろん、こうした文化も、その出発においては、前章でみたような〈文化〉の限定的性格である、自然に根拠をもっていて、手作りで、価値あるものをめざし、人間関係を深めながら、苦労してつくり出す、という内容の多くをもっていたと思われる。

しかし、「文化変容」という形で使うときの「文化」は、そこから広がり、制度化されたものも含んでいるので、今、ふれたような庶民の日常的な生活実践の質をあらわすということ以外の意味を含み込んでいる。

私が前章で〈文化〉の意味内容を限定し、「文明」と対立させたのは、こうした広義の「文化変容」の質を見定め、ときにそれに抵抗して、文化全体を人間の平和的な共存と自然との共生というテーマに貢献できるものとして担保し続けたいと願っているからである。すなわち、ここで「文化」と言っている内容は、広狭二義があるということであり、広義には人間の行動様式全般をさすが、狭義には、そのなかで一定の条件を与えているものを限定してさしているということである。そして、前章で定義したような狭義の文化を、ここでは「真性の文化」(authentic culture)と呼びかえたいと思う。

「真性の文化」は、「本当の文化」とか「本ものの文化」と言いかえてもよいものであるが、いずれにしても前章の内容によって定義される。

もう一度確認しておくと、①自然に根拠をもっており、②人間の身体的活動を通じてつくりあげられていくものであり、③より価値的に高いものをめざしており、④人間同士の共生的関係の深化を導くものであり、⑤歴史のなかでつながれていくものである。人間が後天的につくり出したもののなかで、自立性、身体性、価値性、共生性、歴史性を与件としているものである。

「文化変容」の質を吟味し、変容を強いられる広義の「文化」に介入し、それを人間と自然の共生、多文化の共生の方向に方向づけようとするもの、これがここでいう狭義の〈文化〉である。したがって、〈文化〉は教育という営み――すなわち価値を選択的に次世代につないでいく営み――のなかでこそ問われなければならないし、そのあり方を吟味されなければならないことになる。

今日の社会を「文化変容」という角度から特徴づけると、それだけいっそう「文化」の質を吟味し、学校が体験させ、伝え、創造させるべき〈文化〉を検討していくということが大切になる。
たとえば、学校での日頃の授業実践を、真性の文化を体験しえているか否かという視点から吟味していくことは、すぐに可能だし、試みるべきであろう。もし、授業のテーマや問いを追求することばのやり取りのなかで、子どもたちの他者理解や己れの表現への満足感などがまちがいなく高まったと感じられるならば、そのかぎり共感性、共生性という〈文化〉の条件が満たされていることになる。

日頃のうまくことばにならない想いを自分たちで何とかシナリオ化し、声と身体で演じあった結果、その想いの正体が自分によりはっきりと見えてきたという体験を生徒がしたなら、そこには身体性や共感性という〈文化〉の条件が生かされていると読みとることができる。

もちろん、この作業を学校にかかわる限定的なメンバーだけでその名にふさわしく行なうことは不可能に近い。国民的なレベルでの検討吟味が今こそ必要になっていると言えるだろう。

7——家庭の役割の再検討

七番目は「家庭の育児環境や条件が貧困化していて、親が子育ての自信を失いつつあること。子どものかまいすぎや放棄などが増え、子どもがその子らしく育っていないこと（家庭と育児の危機）」ということであった。このことは、人間形成における家庭の役割の再検討という重要課題を提起しているのだが、のちの章でこの問題だけを取りたてて扱うので、ここでは省略しておきたい。

以上、七点にわたって、現代日本の教育が抱える解決すべき課題を垣間みた。これらは私の私見であるが、教育改革や学校改革は、まず現状の抱える問題を診断し、その中から解決し克服すべき問題を選び、そのよってきたる背景を分析したうえで、新たな処方箋を出すという順で議論すべきであろう。そのことがあいまいであると、たとえば二〇〇〇年に森首相のもとに置かれた「教育改革国民会議」の出した改革提案のように、思いつき的な改革プランが十分な内的関連性をもたないままあれこれ並ぶということになりかねない。思いつき自体は大切なものとは思うが、客観的な背景要因や改革への現場の意欲と有機的にかみ合い、かつ、その先に一定の改善された教育イメージが必然化するようなものでなければ、実効的たりえないだろう。

私自身は、述べてきた七点を丹念に克服していくためのプランを現場―行政が、それぞれに明らかにしていくことによって、学校を二一世紀バージョンに大きく変革することができると確信している。さしあたり、すでに始まっている「総合的学習」の内実を豊かにすることによって（つまり、そのなかでこれまで述べてきた課題の克服をはかることによって）その端緒が切り拓かれていくと考えている。

Ⅲ　多文化共生型の学力形成と総合学習

1――戦後の「総合学習」的実践に学ぶ

多文化共生型の学力形成を実現するという課題にとって、総合学習あるいは総合的な学習はどのような意味を持つのか。このことについて改めてこの章で考えてみよう。

総合学習というのは、いくつかの教科がいっしょになって、共通のテーマを分担する「合科学習」とはやや意味が異なっている。形の上では合科型の学習であってもよいのだが、総合学習は、ねらいがより鮮明でなければならないと思う。

日本の戦後教育の特に、その初期において、今日で言う総合学習への取り組みが様々に追求されたことがある。詳しくは省くが、この時期には子どもたちの学びへの関心をたいせつにして、直接経験のチャンスを増やして行なう経験主義の学びがあれこれ試みられた。しかしその試みは「学力低下」という批判にさらされ、それを受けてやがて「問題解決学習」や「系統学習」等の方向へ展開していった。

そのなかで一九五〇年代の前半に日生連（日本生活教育連盟）が追求した「現代日本の基本問題」の実践シリーズは、特筆されるものであった。たとえば京都の日影小の永田時雄の「西陣」の実践は、絹織物のまち、京都の西陣の織物産業が、新興の群馬県足利市などの織物産業に比べて後れをとっているのではないかという疑問から出発して、西陣織の歴史や経済的条件、現代日本の諸問題等を調べ、学び続けた文字通り総合学習であった。子どもたちは、日本経済の二重構造の問題につきあたるが、実践者の永田は、実践を京都大学経済学部の堀江英一らにもち寄り、資料をもらったり展開を相談したりしている。

この実践は、教師と生徒たちがいっしょになって、新しく知識をつくり出そうとしたところに特色がある。問題が日本経済の矛盾に直接つきささる大きなものであっただけに、実践の構想にはくふうが必要であったが、指導の仕方しだいでは、小学生が科学的な探求実践を協同しながら展開することが可能であることを示した点で画期的な実践であった。

一九六〇年代に入ると、大きな流れは教育の「現代化」となり、官民を問わず系統的な授業内容をどう構想するのかという研究が一斉に、どの教科でも追究されるようになった。そういうなかで、五〇年代の総合学習実践の思想を継いだのは「公害学習」の実践であった。この実践について、簡単にふり返っておこう。

「公害」は明治時代の群馬の安中公害をはじめ、日本の近代化の裏面史として各地で旧くから引き起こされていたものであった、高度経済成長期にはそれがあちこちに拡大され、大きな社会問題となっていた。自動車の排気ガスに十分な規制がなく、工場の廃液、排ガスにも規制のないまま、ひたすら設備投資が奨励され、それが空気、河川、海の汚染を際限なく拡大していた。七〇年代のはじめには光化学スモッグが現れ、一定の気候になると学校で気分が悪くなって倒れる生徒が相次ぐようになった。そういうなかで、教育運動に参加していた全国の教師のなかから地元の「公害」の原因をつきとめようと公害反対のたたかいに参加する人たちがあちこちで出てきた。たとえば静岡県の沼津市、三島市では、石油・電力コンビナート設立の計画がもちあがったが、それが当時、すでに社会問題化していた三重県四日市市の公害と同質の公害を引き起こすのではないかとして、住民の反対運動がもちあがった。一九六四年のことである。

当時の公害反対運動がすべてそうであったように、たとえ何らかの影響が人や自然に出ても、その原因を何かに特定することはたいへん困難であった。直感的にある工場の廃液や排ガスが原因だと思っても、それをきちんと実証するデータを得ることはじつに困難なことだったのである。そこで運動にさまざまな専門家の参加、協力が必要になってくる。そうした専門家、知識人の一員として、あるいはそうした専門家、知識人と素人である住民とのあいだをつなぐ役割を担う一員として学校の教師たちが参加したのであった。三島・沼津市の公害反対運動には地元の高校教師たちが調査、交渉の重要な役割を分担した。

重要なことは、こうした教師たちの一部が、この公害反対運動に個人として参加するだけでなく、そこで得た情報と経験を授業の場に持ちこもうとしたことである。高校生たちにも調査に参加させたり、調査で得た結果を授業の場で検討したりもしたが、その実践は教研集会などを通じて全国に広められた。

こうした教育の実践は、科学的な知の遺産をわかりやすく伝え獲得させていく教育とはねらいも方法も異なっていた。地域の生活の切実な問題を、学んだことを生かし、わからないことは調べ討議して、実際に解明しようとしたのである。その意味で教育の場で教師、生徒が一体となって民主的な知的探究がくり広げられたと言ってよかった。その形式は当然何か特定の学問分野の学習を行なうというのではなく、まさに知を総合していかねばならないものであった。

（宮原誠一『青年期の教育』岩波新書、一九六六年、国民教育研究所編『公害学習の展開』草土文化、一九七五年などを参照）

七〇年代に入ると、もっと明確に総合学習の形で公害問題を扱う学校が増えてくる。とくに和光中学校の公害学習の実践はその典型と言われた。和光中では公害の学習を保健、理科などを総合する形で系統だてて行なったあと、地元の窒素酸化物汚染について、実際にみんなで調査した。調査の結果、どの地点でも環境基準をオーバーした酸化物が観察され、教師も生徒も驚いてしまう。生徒たちは驚くだけでなく、その結果を文化祭で展示しようと決めてやりきる（『総合学習の探究』勁草書房、一九七七年）

（1）学びと研究の統一

ここにみられるような学びの内容、形態、方法、目的は、それまでの教育実践、とりわけ科学や学問の成果を順序だてて系統的に教えるという性格の実践とは異なるものを多く含んでいた。

第一に、学び、解明していく先に想定している「解」がすでにどこかに用意されているというわけではなかった。ひょっとしたら何も明らかにならないかもしれない不安定さを含んだ、しかし逆にわかってくる感動の大きい学習であり、解は教師と生徒で見つけだし、つくり出していくという性格のものであった。総合学習は、このような性格、すなわち解や知識の自主的、主体的生産という性格を持っていると考えられる。

ちなみにこうした学習は研究的色彩を帯びているともいえる。英語では学校での学びも研究者の研究もともにstudyという語であらわせるが、日本の場合、学びと研究は明治以来きびしく峻別されてきて（森初代文相の「学問と教育は別」という発想に典型的にみられる）、統一的な呼称はない。その関係をつきくずし、学校での学びが何らかの形での研究に近づくようにしようという志向性を公害学習は明らかに持っていたと考えられる。

研究というのは、解が未だ与えられていない問いについてのアプローチだけをさすのではない。誰かがある見解を出したり発見したりしたとき、それがたしかなものかどうか吟味することも大切な研究である。つまり、ある学習が研究的であるというとき、それは、解がまだ見つかっていないテーマについてのアプローチだけをさすのではなく、①自分たちにとって切実な問題やテーマについて、②価値の吟味を自分たちの手で行ない、③それについてのある見解を自分たちで発表する、という契機をすべて含んだ解明のプロセスをさしている。これは小学校の授業でも十分含みうる要件であろう。

（2）学習の系統性は必要条件ではない

第二に、公害学習的な学習は、いわゆる系統性は必ずしも必要条件ではないという特色も持っていた。テーマが具体的であれば、それを解明するためにどのようなことをまず知らねばならないかはテーマによって異なってくる。原子力発電所の是非をテーマとするならば、原子力発電所の仕組み、危険が生じる可能性のあるところ、それを防ぐ手段、あるいは推進派の言い分と反対派の言い分、などなどを正確に知らねばならない。そのためにどのようなことを調べてこなければならないかについて、こうでなければならないという教育内容の系統性が絶対的にあるわけではない。

もちろん、あるテーマについて調べるためのいくつかのサブテーマが整理されたとき、そのサブテーマを調べるためにどのようなことを知らねばならないかということについては、一定の順次性が必要であろう。しかし、この場合の学習の順次性ということと、これまで言われてきた教育内容の系統性ということとは概念が異なる。系統性というのは、たとえば概念の系統性であれば、下位概念から順に上位概念へたどるということであるし、学習の系統性ということであれば、概念の系統性に子どもの学習能力の発達のプロセスを考慮するということをつり加えるという意味あいで言われてきた。

こうした系統性は、公害学習的な学習では絶対の必要条件とは言えなくなることは当然であろう。

(3) 教師と子どもの協働＝探究型教育

三つ目に、公害学習的な学習は、教師―生徒関係の一定の変質を必然的にもたらした。公害の実態を明らかにしようというようなテーマでは、教師自身、生徒よりも多少の知識量の多さや正確さを持っていても、その知識だけで教えることはたいていの場合できない。教師もまた生徒とともに調べなければならないし、生徒自身の調査内容や結果からもさまざまに学ばなければならない。つまり、公害学習的な学習ではいわゆる啓蒙主義的な教育観は後景に退き、むしろ教師と生徒がともに探究するようなあるいは教師がコーチ役に徹するような教育＝学習観を必然化する。いわば、協働＝探究型の教育＝学習観である。こうした教育＝学習観がもっと拡がっていれば、今日の学校への子ども・若者たちのスタンスももっと変わっていたのではないかと思われる。

一九七〇年代には、和光小以外にも、こうした調べ学習の延長に位置づくような社会科実践がいくつかあらわれた。先にもあげた茨城県久慈市の鈴木正気の『川口港から外港へ』の実践はその代表と言えるものだろう。

日立という大企業が久慈という小さな漁港のある町の隣にひっこしてきて、町は急に「近代化」し始める。道路が舗装され、内港の外にりっぱな外港がつくられ、護岸工事が始まり……と、町の様子が大きくさまがわりしていく。町は一見発展しているようにみえる。しかしほんとうにそうなのだろうかと疑問を抱いた鈴木は、生徒たちに久慈の町は発展しているのだろうかともちかける。

実際に調べようということになり、町の加工工場に聞き取りに行ったり、役場に調査に行ったり、町の中を流れる川の水質の変化を調べたりなどという調査、まとめ、発表、調査……の実践が数年間も続く。卒業直前に生徒たちが出した結論は「久慈の町は発展していない」というものであった。地場産業がしだいにすたれ、表面的なはでやかさの裏で、久慈の従前の豊かさがなくなりつつある。公害が拡がり、だんだん住みにくい町になりつつある。こうしたことを小学生たちが発見し、結論づけたのであった。

この鈴木正気実践にも、生活の切実なテーマを探求課題として主題化し、調査、探求の段取りを集団で決めながら、自分たちで知識を生産していくという性格が色濃く浮かんでいる。その意味で、この実践も総合学習といってよいものであった。

2――総合学習はどういう質の教育か

このようにみてくると、わが国には総合学習と定義してよいような実践はすでに多くあることが理解されよう。

あらためて総合学習というのは、どのような質の教育と考えたらよいであろうか。

ここまで、ややスペースをさいて、歴史の中で総合学習とみなされる実践を紹介してきたのは、この実践を「総合」という言葉に影響されて、言葉から実際の内容を定義するというようなことをすべきではないと考えたからである。

すでに試みられてきたすぐれた実践の中から、通常の教科学習のテーマには乗りにくいが、多様なアプローチを試みることによって新たな知の地平を切り開いてきたものを分析し、それによって総合学習を定義するというほうがはるかに実際的であろう。そうしないと、これまで試みたことのないような実践を「総合」という言葉にこだわりながら構想しなくてはいけなくなる。まるでゼロからつくらねばならないようなたいへんさを背負うことになる。

一部に総合学習への反発があるのは、こうした発想をしているからではないかと思われる。

このことをふまえたうえで、つまりこれまでの歴史の中で展開されてきたすぐれた実践の成果をふまえ、伝統をひきつぐ形で総合学習を定義するとどうなるだろうか。
このことを考えるうえで、一貫して環境問題と教育の接合にこだわってきた教育学者藤岡貞彦の以下のような提起がたいへん参考になると思う。

(1)「地球共同体に生きるものの共同利益を最優先する」

藤岡は、雑誌『教育』の二〇〇〇年二月号に「〈学校と社会〉の視点から総合学習を考える」という論文を寄せているが、そのなかで、戦後教育において〈課題学習としての総合学習〉を実質的に構想してきた先達として、宮原誠一、太田堯、中内敏夫の三人の教育学者の名をあげている。若い読者には、三人の名はすでに過去のものか、耳にすることのないものになっているかもしれないが、それぞれ戦後教育をリードしてきた中心的人物で、今なおその影響は新鮮である。簡単に手に入る文献で言えば、たとえば大田堯は岩波新書の『教育とは何か』(一九九〇年)の中で次のように述べている。

「こうした反省に立って、子育て・教育は、人間という動物種が地球上の他の生物との共存をめざしながらその種の特質を持続させ、地球社会の発展に寄与することを目的とするのだということをはっきり確認する必要があると思います。すなわち、これからの子育て・教育は、この地球共同体に生きるものの共同利益を最優先するものであることが求められています。そこから、私

たちに求められる教育の課題が山ほどでてくるのです」（傍点、汐見）

藤岡はこうした大田の指摘と教育の方向付けが、地球環境問題など人類が直面している切実な課題を学習課題にするという総合学習のあり方への重要な示唆となっているという。つまり、こうした人類史的な課題をとりあげ、問いを限定し、解明したいテーマを明確にしたうえで、調べ、討論し、新たな知へと結実させる、一連の学習を総合学習と呼ぼうというのである。

藤岡は、同論文で、さらに、山梨大学工学部循環システム工学科の新しい工学教育の取り組みに注目している。この試みは雑誌『科学』一九九九年一一月号（岩波書店）に鈴木嘉彦が「新しい工学教育と知の再構築」と題した論文で紹介しているものである。

鈴木論文は「循環型社会」という概念を提案し、それを可能にする知と意志を育てる新しい工学教育が必要であり、山梨大学工学部でその試みを開始しようとしていることを訴えた主旨のものである。「循環型社会」とは大量生産、大量消費、大量廃棄の危機的状況を脱するために、資源などの物質の循環、財やサービスのスムーズな流通と循環、そのための情報の正確な循環の三つの循環を基礎として成り立つ社会のことをいっている。今までのような右上がりの経済成長を前提としない、光エネルギーの活用などあらゆるレベルでの省エネを前提とした、再資源化、再利用化が常態となる社会である。そうした社会づくりへの意志を育て、それに必要な知識を主体的に構成していくのが「新しい工学教育」だという。

鈴木は「循環システム工学科の教育目的の第一は、物質的閉鎖系である地上で構築された大量生産、大量消費、大量廃棄の仕組みが地球環境問題発生の要因であることを科学的に伝えることである。この認識の上に立って次には深刻な環境問題を解決するために、物質の循環技術を知るだけでなく、経済の循環という意味での経済や経営の問題、社会システムの問題、法制度や倫理の問題などを理解し、さらに情報の循環という意味で、これらの問題を的確に把握するための情報活用技術を習得することになる」と述べているが、藤岡は鈴木論文のこの箇所を引用しながら、その試みに「深い共感をおぼえる」と言う。藤岡はこの試みを「大学におけるコア・カリキュラムの設定にいきつく。地球環境問題がカリキュラムのコアであり、循環型社会の構築という共通の課題のもとに専門分野の再結集がはかられる」とも評価している。

鈴木と藤岡のいう「工学における新しい知」とは、つまるところ、私たちがこれまで見てきたように、解や答えが決まっていなければならないテーマの重要性そのものは明確になっている諸問題への多様な接近を可能にする知と考えられるであろう。学生は学びの主体であるとともに探求の主体であり、学習者と探求者がきれいに区別されない、まさにstudyとしての学びが要請されることになる。それが「工学の再構築」の方向であるのなら、これまで見てきたような総合学習こそ、こうした「知の再構築」の重要な試みにほかならないことになるだろう。

私たちも藤岡とともに、総合学習とは、学校という教育の場に身を置きながら、子ども・若者たちが生きている現実や地域に生起しているぬきさしならない問題をとりあげ、それを地球全体で人類が抱えている課題と同質あるいは同型の問題として理解し、その理解と課題の解決に向けて、従来の知をつくりかえていく、ないしは新しい理解を示していく、そうした試みと定義してよいと思う。

ここで、「子ども・若者たちが生きている現実や地域に生起しているぬきさしならない問題」といっていることの中には、今日の人間関係や家族のあり方の問題、あるいは自分の進路の問題、性の問題、環境汚染の問題、平和の問題など実に多様な問題が含まれている。それらを丹念に取り上げながら、そのそれぞれが人類や地球全体が抱えている問題と同質、ときに同型であるということを発見していく。それが総合学習の大切な課題となるわけである。社会学者のライト・ミルズがかつて言ったように、足下の問題と世界の問題と結びつける「想像力」の育成こそが課題となるといってよいだろう（『社会学的想像力』）。

その意味で、子ども、若者たちが「地球市民的な関心と問題視意識」あるいは「多文化共生」的な問題関心とそうした社会形成への意欲を育てることそのものが、総合学習の課題となるといってよいと思う。

当然であるが、そのためには教師自身が地球市民として生きる自覚をしっかりと持つことが必要になるだろう。あるいは教師も生徒といっしょに学びつつ地球市民としての自覚を深めていくということが大事なように思う。

私は以前、ある女子高校の生徒たちに呼ばれ、社会科の授業を行なったことがある。その授業は一年間を通じ、生徒たちが内容を考え、教材や講師を決め、運営していくというものであった。授業の展開の過程で、日本人は外国というとどうしても欧米を思い浮かべアジアを第一に考えないのはどうしてか、という疑問がでてきたので、そのことを考える授業をしてほしいということになった。生徒の中に私のことを知っている者がいて、頼もうということになり、連絡が来たのであった。

私は今日の生徒の意欲と積極性に感心したが、同時にその授業を担当していた教師の姿勢にも共感した。彼は、現代社会の問題は、生徒より私のほうが知っているとは限らない。生徒全員の知識を集めたら、私よりはるかによく知っている。だから「教える」というのはやめにして、私もいっしょに学ぶことにした、と私に率直に話してくれた。こうした姿勢が生徒を伸ばすのだとあらためて感心したのだが、彼女たちが追求していたのは総合学習そのものであった。彼女たちが後から送ってくれた二十枚近くに及ぶ感想文と共に、私の授業イメージづくりに役立った体験として、大切に記憶している。

地球市民的な関心というのは、こうして、授業を通じて、教師―生徒双方に高めていくことができるものと考えるべきであろう。

(2) 総合学習を具体化する三つの方法

では、こうした総合学習を、各学校でどう具体化していけばいいのか。この間、私はいくつかの小学校で、総合学習の準備過程の論議に加わった。そのとき私が提案したのは、総合学習を学校単位で具体化するには三つの方法ないしはアプローチの仕方があるのではないかということであった。すなわち、

①学習指導要領に例示してあるような、国際理解や環境—福祉などのテーマをあらかじめみんなで決めて、その中でそれぞれの教師が自分ができることを申し出て、教師間で議論し、調節して決める。客観的な課題中心の発想である。

②それにはこだわらず、「既成の教科にこだわらずに子どもたちと自由に探求してよい」と言われたらこんなことをしてみたい、と教師が思うものを自由に出し合う。それをグルーピングしてジャンル分けし、その中でまずできるものから取り組んでいく。ふだんの授業で時間が足りなくてできなかったけれども、時間があったらしてみたかったというようなものも含まれる。教師の要求中心の発想である。

③生徒たちがこれまでの授業でこんなのがおもしろかった、こんな授業をしてほしいと思っているものをアンケートなどの方法でつかみ、それを整理して課題化し、その中から教師がで

きるものを決めていく。子ども中心の発想である。
ある学校で教師たちにこのうちどの方法がよいかと聞いたら②が多かった。そこでＫＪ法的なやり方で、教師たちにこうした授業をしてみたいと思っているテーマを自由に出し合ってもらったら、それらは大きく次の三つにジャンル分けされた。すなわち、
ア〈地域の歴史や文化を探索する〉
イ〈地域の環境汚染や川の生態系を調べるなど環境問題に取り組む〉
ウ〈民族楽器など世界の音楽や文化を学ぶ〉
である。ウの中には、世界の子どもたちと交流するというものも含まれる。この三つをもとに、今後、このそれぞれについて、どのような具体的学習テーマがたつか、教材はどうするのか、展開の見通しは？　などを考えていく。学年ごとに偏りがあれば調節し、卒業までにまんべんなくどのジャンルも学ぶことになるかどうかを考えてカリキュラム化する。こういう算段で、具体化していこうということになった。
他の学校で具体化の議論をしても、おそらく似たような算段になるのではないだろうか。
しかし、私はこの学校のように②の方法だけで具体化するのはいかがなものか、と考えている。たしかに教師が何をやりたいのか、これが明確でないと、総合学習という名の苦役が一つ増すだけということになりかねない。だから、教師の要求や期待は最大限重視されるべきだと思う。しかも、教師が十人ぐらい集まれば、自由に案を出し合っても、それなりに大事なものがそろう、

ということもあり得るだろう。

けれども、総合学習に取り組む場合、上記の三つの視点がすべて必要であることは容易に理解されるのではないだろうか。①の視点は、客観的に考えて、これこれのことが歴史的な課題になっているというものを教師は自覚しているべきである、というものである。今みた藤岡の総合学習論は、地球環境問題をコアにしてこれを考えていくべきであるというものであるが、当然、これ以外にも人権や平和、平等などのいくつもの問題や視点がコアになりうる。沖縄についての総合学習にねばり強く取り組んでいる最近の和光小の総合学習は、平和ということがコアになった総合学習の好例だし(『総合学習の計画と実践』〈和光鶴川小学校〉全三巻　旬報社、および『和光小学校の総合学習』全三巻　民衆社、参照)、それ以外にも和光小では、食、農、身体、性、病気、作る、障害などが総合学習のテーマになっている。これらは、足下の問題であると共に、現代社会が抱えていて歴史的に重要性が確認されている、そしてわれわれが考えこだわらなければならないテーマであることは自明だし、それを職員集団の議論の中から演繹的に導き出しただろうことも明白である。この視点と教師の要求や期待との接点でこそ、具体的なテーマを決めるべきではないだろうか。

さらに子どもの要求を加味していくことの意味も理解されよう。とすれば、学校で総合学習の実際のテーマを決めるには、今のように②の方法で始めていっても、そこでとどめず、それが客観的に要請されている課題に接合しているか、あるいは生徒たちが切実に取り組みたいと感じていることか等と詰めていって決定していくべきだろう。つまり先の①、②、③の重なるところで実際を決めるのがもっとも合理的ということである。

その場合、この三つが矛盾することなく重なりを持つために大事なことは、教師が一人ひとり地球市民的な関心を深めようとする姿勢を持つことが大事であることも明らかであろう。①の客観課題が、教師自身の個人的主体的関心でもあるという構造が、総合学習を無理のないものにする。

したがって、実際に各学校で総合学習のカリキュラムを考えていくためには、

（1）必ず、公式、非公式に、今生徒たちに考えてもらいたい地球市民的テーマは何かということをめぐって議論し、一致をつくっていく努力をする。

（2）教師一人ひとりにどういうテーマの総合学習ならしてみたいか、できるかを出し合う場を持ち、その結果と（1）を重ねてみる。

（3）できれば、生徒たちが求めている学びのテーマや好きな授業について知るような努力をし、それもさらに重ねてみる。

この三つを行なうのが、もっともオーソドックスな方法といえるだろう。

すぐれた総合学習の実践に学ぶということはもちろん大事である。しかし、総合学習は、「この生徒たち」と「この私」という教師が、「この地域」で「この時代」に、生き、学んでいるという、その他に取り替えられない具体性から生まれるものであってほしい。その意味で総合学習は個性

的であるべきだし、多くの個性的な実践を通じて、時代の課題が普遍性を持って生徒たちと教師たちに自覚されていくという構造が要請されるのだと思う。

ついでにいうと、教師の地球市民的な関心を広げるためには、教師は教員だけの集まりの場で研修するだけでなく、環境問題や人権問題などに取り組んでいるNGOに出入りし、そこで活躍している人と交流したり、その実態報告などに積極的に触れることが大事なように思う。かつて「地球市民を育てる授業と構想」という副題を持った『国際理解教育』（国土社、一九九二年）を著わして、新しい質の教育実践の構築に大きな影響を与えた大津和子が試みたのはまさにこのことであった。彼女がNGOに出入りして得た情報や刺激が、あの魅力的な授業の構想力のベースとなり、実際にアジアなどに出かけて資料集めするきっかけになったのであった。

その意味で、総合学習の新しい展開は、教師が自らの実践の基礎とする人材や文化の新たな模索を必然化し、教育文化全体の構造変化を導く可能性がある。そうなったとき、学校はもう一度社会との有機的な接点を濃密に築くことができるようになるだろう。

Ⅳ

基礎学力概念の再検討

——単純な鍛錬主義をのりこえて——

1 ——「基礎学力」とは何か

二〇〇二年の教育改革において、「総合的学習」の時間の導入、学校五日制の完全実施による時間削減などにより、子どもたちの基礎的な学力そのものが危うくなるのではないかという危惧が生まれている。それでなくともIでみたような学びのリアリティ喪失状況が生じているのであるから、学校はむしろ基礎学力の形成をこれまでよりも重視すべきではないかとの意見もある。

しかし、「基礎学力」云々というときのその中身は何をさすのかがまず問われなければならないだろう。学力内容全体のイメージが変わりつつある時代だから、基礎学力の内容も連動して変わってしかるべきだという考え方は当然あるが、基礎学力は学力内容が変わっても変わらない部分だから基礎学力というのだという考えもある。そのあたりを念頭におきながら、基礎学力概念を整理し、あわせてそれが今後どう位置づけられていくべきかを概括的に考えてみよう。

(1) コア連をめぐる論争

この問題を考える際には、かつて行なわれた同趣旨の論争にふれておくことが必要であろう。

周知のように、戦後、生活経験主義的な教育内容や問題解決型の教育方法が主流になろうとしたとき、教育界のみならずさまざまな分野の人たちから、そうした学習では基礎的な読み書き能力がきちんと身につかないのではないかという批判や不満が相次いだことがあった。

日生連の前身、コアカリキュラム連盟（コア連）もそうしてやり玉にあがったのだが、コア連はそれにたいして、基礎的な学力とは基礎的な読み書き算だけとは限らない、学力の内容そのものが変わらなければならないという反論を展開し、全教育界を巻き込む大論争になったことで有名である。

しかしながら、この論争は、十分かみあった形で発展せず、基礎学力とは読み書き算のことであるということが一般に認知されるような形で終わった印象がある。

戦後、基礎学力とは3R's（読・書・算）にほかならず、その低下は植民地的な教育政策のあらわれであって、由々しきことであるとし、「基礎学力の防衛」「基礎教育の防衛」などを強く訴えたのは国分一太郎であった。国分はとくに、読み書き算はたんなる認識の道具ではなく、それ自体が認識をあらわしている。それゆえ3R'sの獲得は何らかの認識のための道具を手に入れるということだけではなくて、そのままで認識能力の獲得であり、自己目的的性格を有しているという論を展開し、教育界に大きな影響を与えた。これは戦後の基礎学力論の基本水脈をつくる論理であった。

それにたいしてコア連は、3R'sは自己目的的なものではなく、ものごとを知り生活を切りひらく上で大切な道具である。基礎学力にはそれ以外に科学の基本や技術の基本、さらには一定の情意的態度などもふくまれなければならない。それらが総体として生きていく上で不可欠な問題解決能力の基礎を構成する、という論を展開した。

個々人にニュアンスの差はあったが、コア連の各メンバーはだいたいこうした考えであったと考えてよく、国分らの議論にたいしては3R's中心の学力観の転換を対置するとともに、3R's自体も軽視していないという形で反論したのである。

今日からみると、コア連の各メンバーの主張のなかには、たいへん重要な論点が含まれていて、今日なお生かせるものがあるのだが、その主張は基礎学力というよりも学力全体をさして言われている印象があるため、自分たちの主張や世の基礎学力低下をうれえる論調とは十分かみ合わなかった感があった。

現在のわれわれは、基礎学力というと基礎的な読み書き計算能力とほぼ等置して考える思考習慣をもっているが、これは戦後のその後の議論が基本的に国分たちの考えの延長線上で展開されてきたことを証明するものといえる。

しかし、基礎学力はほんとうに基礎的な読み書き計算力と等置して考えるということで十分なのであろうか。

（2）国によって基礎学力の内容が違う

この問題を考えるヒントとなるようなエピソードがある。学校教育ではないが、基礎学力（と言われている学力）の形成と関係の深い公文教育研究会の話である。

周知のように、公文教育研究会は、子どもたちのそれぞれの到達度に応じた教材選択と、それぞれに応じた学習ペースでの学習を保障するということで世に出た塾チェーンである。その教材は、計算中心で、意味の理解を重視しないため、その点での批判を教育関係者から受けたが、日本の支配的な学習スタイルと異なる江戸時代の手習塾（寺子屋）型の学習スタイルを提起した点でユニークな塾である。

その公文教育研究会が、少子化という現実を前に経営の再検討をせまられたとき、ひとつの方向として外国進出をはかり始めた。現在では多くの国に支部をもってる。ところが、その公文の教室がどうしても広がらず、撤退を余儀なくされた国があるというのである。その代表がドイツである。イギリスも在英の日本人の子ども以外にはあまり広がらず苦戦を強いられているという。

ドイツではなぜ公文の教室が広がらなかったのであろうか。

いくつかの理由が考えられるが、今日のドイツでは、読みは別としても、算数で計算が正確に早くできるということが人間の知的能力のなかで大切な部分であるとはさして考えられていない、ということがそのなかでもっとも重要な理由ではないかと思われる。それよりも、討議したり発表したり調べたりする力のほうが学力として重視されているのである。

例をあげてみよう。旧西ドイツに一九八〇年に八歳で行き、そこで四年八ヵ月すごした和田温子さんが高校生のときに語った内容である。

「授業というと、おもにディスカッションのかたちでやった授業ばかりが印象に残っています。とりわけ生物はディスカッション形式でやったことを思い出します。たとえば、五、六年生のころ、動物をテーマに授業をするときに『なんの動物について授業でやろうか』というところから先生と生徒がいっしょになって考えるのです。テーマが決まると、だいたいは生徒がその動物について調べてくる課題が出されます。授業では生徒が調べてきたものをディスカッションの材料として使います……」（渡部淳著『海外帰国生』太郎次郎社、一九九〇年）

こうした授業で基礎的な概念が理解されるのか不安に思う人もいるだろうが、大きな枠のなかでみると、ある学年で学ぶべき内容はある程度クリアーされていくのであろう。日常的にこうした雰囲気で授業がすすめられているのであれば、計算の速度や正確さ、解法パターンの習得などということは、さほど重要な位置を占めえないことは想像しやすいのではないだろうか。

そもそも私たち自身、方程式の解法や因数分解の仕方、三角関数の公式などを学び覚えたとしても、大部分の人間は学校を出れば一回も使うことなく人生を終えるはずである。$\frac{1}{2}-\frac{1}{3}=$のような異分母のたし算（現行カリキュラムでは小五から）でさえ、一生、生活のなかでは私たちは使わないであろう。

それかあろうか、イギリスでも、こうした計算の習熟ということは、現在では学校ではほとんど重視されていないという。テレビのクイズ番組で、オックス・ブリッジのキャンパスを歩いている学生に三桁ひく二桁の計算問題を暗算でしてみよという課題を出したら何％が正解するか、というものがあったが、正解は何と０％、つまり誰一人答えられなかったので驚いたことがあった。

知人がイギリスに留学した際、娘さんをつれていってロンドンの中学校に入学させたときのエピソードも共通している。娘さんは日本では数学が得意ではなかったがロンドンではたいへん自信が出たといっているという。数学の授業は「できるだけゆっくりと考えてごらん。何か気がついたことがあれば先生のところに言いにきて」というようなスタイルが半分を占めているとのこと。娘さん、日本の調子で早く片づけて先生のところへもっていったらたしなめられたという。「先生は、できるだけゆっくり考えようといっているのですよ」と。予備知識は特別に要らない。その子なりに何かを発見すれば評価され、それらが手がかりになって授業が展開されていくという。それで数学にたいへん自信が出たというわけである。ここでは自分で個性的に考える力、何かを発見する力などが、忍耐強く育てられているという印象である。

こうした例やエピソードに見るかぎり、基礎学力（あるいは学校で身につけるべき基礎的な知的能力）の内容は、それぞれの国でどのような知的能力を大切にしているかという知性観を色濃く反映しているといってよいと思われる。基礎学力＝読み書き算の能力（3，Rｓ）というのはひとつの考え方にすぎないのである。

（じつは、一九九〇年代の後半になって、ドイツは算数・数学やコンピュータ教育が「遅れている」ということで、上からの号令がかかり、数学教育、ＩＴ教育の「充実」が急速にはかられている。筆者も一九九七年にＭ・プランク研究所の日・米・独の三国の数学教育の比較研究をしているグループに呼ばれて報告をしたが、そのとき、責任者のシューマー氏は、ともかく日本の算数・数学教育がすぐれているからその成果を取り入れよという圧力がすごくて困っていると話していた。二〇〇〇年時点の今日、その風潮はいっそう強まっているようである。筆者は日本の生徒は、計算は強いが応用には必ずしも強くないし、算数・数学ぎらいの生徒がたいへん多いこと、その背景として考えられることなどを中心に日本の数学教育のメリット、デメリットについて報告をした。）

2——基礎学力の普遍主義的発想と社会的発想

話を戻すが、第二次大戦後の基礎学力論争のなかで、すでに基礎学力を読み書き計算と考える考え方とそれに限定しないでもっと広く知的能力を考え、そのなかで基礎的と思われるものを総体として基礎学力と考える考え方が表明されていた。アメリカでも当時、基礎学力を3R's でなく4C's（フォーシーズ）と考えるべきだという議論があったことを佐伯正一が紹介している。佐伯によればCh・リードなどはCommunication,Computation,Cooperatioon,Citizenship の四つのCこそ基礎能力だと考えるべきだというのである（『カリキュラム』一九五五年四月号「今日の基礎学力」参照）。

これは社会生活を自立（律）して営む能力を想定して、その力を分節して考えたときの四つの社会的能力だと考えられる。

こうした基礎学力観の場合は、読み書き算のように到達度がさほど数量化されやすいわけではないので、どこまで身につけたかが不明になりやすいという特徴がある。これは今みたドイツのように討論能力、自己表現力、探求力などを基礎的な知的能力とする場合にも共通している。それが戦後の日本でも批判された点であるが、この点は逆に読み書き算的基礎学力が子どもたちを差異化（差別化）するメルクマールになりやすいということと対照的であることに注目する必要がある。

このことのもつ合意についてはのちにもう一度ふれるが、わが国の戦後史のなかで、この社会生活における自立（律）能力としての基礎学力という考え方に近い考えが独自に表明されたということについては一言述べておく必要があるだろう。それは日本国民のあるべき姿を想定して、そうした国民を育てるための最低必要量の教養を考え、それを「国民的教養の基礎」あるいは「国民的共通教養」と定義するという考え方である。この「国民的教養の基礎」のなかには当然3R'sもふくまれているが、それ以外にたとえば、「鉄棒の逆上がりができる」「初歩的な連立方程式がとける」「近代の人権思想の成立の内容を理解している」などなどの教育＝学習内容を想定し、それらのどれを共通教養にすべきかを議論しようというものである。

「国民的教養の基礎」あるいは「国民的共通教養」という考え方を基礎学力と等置するのは一般的ではないが、基礎学力という概念を高校程度まで拡張して考えると、こうした等置の仕方も無理とはいえないだろう。駒林邦男などはそうして基礎学力概念を拡張して理解しようとしている（『現代教育科学』一九八〇年十二月号所収「基礎学力というときの『基礎』について――国民的教養としての基礎学力論」参照）。ただし、国民的共通教養というのは、先の4C'sにくらべると「教養」ということばに象徴されるように社会的能力（たとえばコミュニケーション能力）よりは、知識や精神態度に傾きが強く、より日本的であるという印象がある。

3――読み書き計算能力と知的能力

基礎学力を読み書き算に限定して考えようとする発想は、おそらくそれが人間の知的能力として普遍的なものであり、その能力の拡大が国民の知的能力を平均的に高めるという判断があって生まれたものだと思われる。これを仮に基礎学力の普遍主義的発想と呼ぶとすると、先のドイツやイギリスの例は、基礎学力は社会の側の知性観を反映したものと考えたほうが正確であるということになるだろう。これは基礎学力の社会的発想と呼び得る。

国民的教養の基礎という発想も、その内容は基本的には社会的に決定されるという立場に立つものと思われるので、社会的発想のひとつのバリエーションと考えてよいと思われる。

私たちが選ぶべきは、このうちどちらの立場であるかは、すでに明らかであろう。私たちはたとえ読み書き算の能力が人間の知的能力の基礎として重要だと判断するとしても、それを無前提的、普遍主義的にそうだと考えるのではなく、社会のほうがそうした能力を重要だと思っているからなのだと考えたほうが無理がない。

ただし、読み書き算が基礎的能力だと普遍主義的に考えられてきたのには、それなりの理由がある。

功利的な知能観にたって考えると、読み書き能力（リテラシー literacy）や計算力（ニュメラシー numeracy）があるということは、文字で書かれた文化への接近能力を有することであったり、論理的な思考がある程度できることであったりするわけだから、読み書き計算力の高さはそのままその国民や民族、人間の知的水準の高さをあらわす、ということになるだろう。逆に読み書き計算力の低い国民、民族、人間は知的水準が必然的に低いことになる。つまり読み書き計算力は、人間とその集合体の知的水準のシンボルだと考えられるわけである。

しかし、人間の知的能力は、読み書き計算の能力とそんなにきれいに比例しているのであろうか。先に触れたドイツやイギリスの例は、少なくとも算に関するかぎり、計算力の高さとその人間の知的能力——論理的思考力や判断力など——はあまり関係がないということを示していないだろうか。

数教協の遠山啓は、かつてある大学の大学祭で、論理的思考力を伸ばすのであれば、数学をやるよりも論理学を勉強したほうがよいという主旨のことを発言していたが、これはこのことに関連している。九九やたし算、引き算などが正確に早くできるということと、その人が人間として思考の探さや判断の的確さを有しているということは、直接には関係がない——このことは否定できないように思われる。

同じことは、読みや書きの力にも言えるのではなかろうか。

たしかに、現代社会では読み書きができないということは、情報の受信・発信において苦しい制限を受けるということであるから、知的能力の育ちに限界を有しているということと重なるであろう。読み書きができる人のほうが知的生活が豊かになりうる可能性が高いということ、これは疑うことができないように思う。

しかし、にもかかわらず、読み書き能力の十分でない人が、一般に、知的能力が低い、判断力がない、などということは言えないように思う。知的生活への可能性が開かれる条件は限定されていることは明らかであるにしても、たとえば世界に今たくさん存在し、かつ増大しつつある非識字者が、非識字者であるがゆえに論理的思考力や判断力がおとっているとは言えないだろう。非識字者のなかにも情報を集めさえすれば、日本のような社会でも的確な知的判断をする人はたくさんいるにちがいない。

問題はそうした人たちには情報が十分に集まらないということにある。単純に言えば、世に言う頭の良さ悪さは、文字の読み書き能力とそれほどきれいに比例しているわけではないということである。

ところが、現実にはたとえばひとつの国のなかをみると、読み書き計算能力のある人、豊かな人のほうが、平均的な「知的能力」は高い（この場合の「知的能力」とは何かというやっかい問題があるが、さしあたり知能検査の指数などと考えておこう）という実感は厳として存在する。これはなぜであろうか。

おそらくこれは、読み書き計算という知的技能（スキル）そのものが人間の知的能力全般にダイレクトにつながっているのではなく、それを身につける学習過程と、それを身につけた結果としての精神や意識に、知的意欲を高める何かがあるためではないかと思われる。

少し視点を変えて考えれば明らかなように、脳の活動のなかで、読み書きや計算を扱う部位は人間の脳における情報処理のごく一部にすぎない。読み書き計算力を身につけたからといって複雑な判断や思考ができるわけではないことは、脳生理学的に言えば明らかであるように思われる。

それにたいして、読み書き計算を身につけるための学習には、遊びや仕事、工作などのなかで考えるときとは異なる精神の集中、ときには忍耐力、創意などが要求される。とくに脱文脈化された、それ自体の中で精度を競い合うような抽象的な学習に耐え、それを興味をもって行なうというような精神が必要とされる。またその学習は、成果が見えやすいだけでなく、結果が数量化されるため、他人や以前の自分との比較も行なわれやすい。それが学習の特殊な外発的動機づけを高めていく。しかも、一定の読み書き計算能力が身につくと、自力で本や新聞を読んだり、考えや感情を文にまとめたりすることが可能になり、精神が日常生活から一歩飛躍した知的世界へと参入したという実感をもたらすことになる。

こうした①ある種の抽象化的な知的体験と訓練、②学習の特殊な外発的動機づけの日常化、③精神の知的自負的な実感などという体験が、結果として思考態度や精神生活を変えるように作用していくと想像される。

つまり、読み書き計算は、それ自体が直接に子どもの知的能力を飛躍させるというよりは――もちろん、それが一定の知的性向を高めていることは否定しない――その学習過程で身につける精神性や学習の結果手に入れる精神的自負感が、子どもの精神生活を背伸びさせるという仕組みによって、結果として子どもの知的態度を高めるよう機能しているのだと思われる。因数分解を学んでできるようになっている人が、それを学んだことのない人にくらべてより高度な知的判断ができるようになるという直接的な因果関係を認めるのではなく、因数分解を学びマスターするという面倒な知的訓練を経るという体験が、子どものある種の知的精神態度を培うと考えるのである。

これが、読み書き計算が知的能力の基礎能力だと普遍主義的に考えられてきた理由だと思われるが、こうした考えを認めると、子どもの知的能力を基礎的に高めるのは必ずしも読み書き計算でなくともよいということが逆に導かれるだろう。

ソクラテスは文字をきらい、話しことばで弁証することを重視したが、古代ギリシャ時代に読み書き計算に依らないで論理的、知的判断力をきたえようとした人物がいたことが、その例となっている。ソクラテスには、論理的思考力が弱いという人はまずいないだろう。コンピュータが一般化すれば、読み書き計算よりも、コンピュータをじょうずに操作して必要な情報を手に入れる能力のほうが重視される時代がくるかもしれないが、その場合にも、何らかの知的訓練の場が与えられ、そこで今みた①～③のような子どもたちの知的活動が動機づけや知的自負感が育つような工夫がなされねば、それが知的能力そのものを高める基礎能力とは同一視されることはないだろう。

ちなみに言えば、読み書き計算の重要性を一貫して主張してきた岸本裕史が「見える学力」だけでなく「見えない学力」も重要だと言うようになったことは、以上のことと関係している。「見える学力」つまり読み書き計算力などの外にあらわれる学力をそれだけとり出して伸ばそうとしても必ずしもうまくいかない、それ以外に、日頃の会話のありようだとかテレビ視聴の制限を認めるだとかの精神生活の規律や一定の水準が必要である、というのが氏の主張であるが、これは裏を返せば、読み書き算は、それを習得することを動機づけるような子どもの精神生活、——とくに知的に背伸びしたく思わせるような生活——と結合したとき、期待するように獲得されるという主張を別の形で表現したものと考えられる。

4——変容する社会と文化のなかで

さて、以上のことは、実は読み書き計算力を身につけるということが、単純な学力問題ではなく、子どもと親の生活実践のあり方や文化的な階層の問題、支配の正当化の問題など複雑な問題と結びつくということをあらわしている。こうしたことが生じるのは、読み書き計算というといわゆる基礎学力が、他の学習の文字どおり基礎（土台）で、それによってさまざまな学習が可能になる、という独自性を有しているという面と、その習得が、そうした基礎的土台的必要をこえて、人間の知的能力の水準を推しはかる社会的な象徴になりやすいという面の、二つの側面をもっているからだと考えられる。

今日の学習の多くが文字や数をメディアとした文化財を教材として用いるという特徴を有しているかぎり、その道具である文字や数へのアクセス能力がある程度必要になることは仕方がない。

その面から言えば今後の教育においてもたんねんなリテラシーとニュメランーの教育は必要になるだろう。われわれはソクラテスのように文字を大胆に捨てることはまだできないからである。

もちろんその場合の内容についていては、もっと精選するとともに、文字や数だけでなく、のちの学習の基礎、土台となる他の諸能力、技能についても基礎学力として登録しておくことがこれからは必要になるだろう。のちの学習で探究的な方法、討論的な方法が重視されるのであれば、たとえばまちがいをおそれずに意見を言う能力や態度、あるいは討論の技法、とくに〝きく〟〝ききとる〟〝きき分ける〟などの能力や個性的で説得的な表現能力、不明のことがあるときの探究の仕方、わかったこととわからないことの厳密な区別の態度などなどが幼い頃からていねいに育てられなければならない。これらは、新たな基礎（土台）学力を構成すると考えられる。さらに、のちの学習でコンピュータ利用が一般化されてくるのであれば、いわゆるコンピュータ・リテラシーの育成も課題となるだろう。

これらは学校および社会での学習（現在およびその子の将来の）で用いられているメディア（媒体）に習熟するための技法の教育である。基礎学力というのは、ひとまずはこのように、学習活動のメディアの習得のための学力という意味であり、それは今日のように学習の転換が語られているときにも軽視されてはならないものである。いな、むしろ学習の転換が言われているときだからこそ、その新しい学習の土台となるメディア能力をさまざまに算定して、基礎学力の内実を豊かにしていかなければならないと思われる。と同時に、こうしたコンピュータリテラシー自体が、他の学習の土台づくりということを越えて、社会生活への基礎的能力としても位置づくようになることもまちがいないだろう。この点は、これから活発化することが予想される技能的リテラシーという考え方とリンクしていく。

「技能的リテラシー functional literacy」というのは、当該社会で最低限の文化的生活を営むための基礎的能力ということをさしており、一九七九年にユネスコが提案したものである。たとえばある社会で人権の侵害を受けたとき、それをどこに訴え、どう自分を守るかということについて、最低限の判断と行動ができるという legal literacy や一九九六年の世界女性会議（北京会議）で提案された、家庭をじょうずに営むための基礎能力としての family literacy 等がその具体例になる。

これらはリテラシー（識字能力）という言葉の意味を拡張し、社会的な「基礎能力」ということとほぼ同一視しようという発想であるが、この考え方を導入すると、目標が「それぞれの社会での最低限の文化的生活を営む力を身につける」ということになり、その細目としての、

①情報文化への接近のリテラシー
②自己と周囲の人間の健康と生命を守るためのリテラシー
③自他の人権を守り発展させるためのリテラシー
④健康で文化的な家庭を営むためのリテラシー
⑤地球環境を守り、人間や他の生命との共生、共存をはかるためのリテラシー

等々が設定されていくことになるだろう。

この考え方は、けっきょく、教育を通じて身につけるべき能力の目標論を論じるということと重なることになるが、先にふれた「国民的共通教養論」を発展させたものということもできる。今後議論を深めていくべき提案であるといえよう。

話を戻すが、今述べた読み書き算は、基礎・土台としての必要性を超えて、人間の能力水準をおしはかるシンボルとして扱われることが多いという問題はどう考えればよいのであろうか。

この問題は、たとえばP・フレイレが『被抑圧者の教育学』(小沢他訳、一九七九年、亜紀書房)などで強調してきたことがらと関係がある。フレイレは、ブラジルにおける識字(リテラシー)の教育の経験から、字を学び覚えることが必ずしも人間の解放につながるわけではないということを主題化しようとしたのである。文字を学び覚えることは、人びとがよりスマートな形で支配構造に組み込まれ、その結果支配の正当化を促進することが十分にありうるということをフレイレは経験的に感じとっていた。そこで彼は識字の教材と教育方法を工夫したのである。たとえば生活に密着した絵や写真などを用いて、それをみて喚起される感情や想いを「対話」しあう、その「対話」のなかから生活に密着した「生成語」を生み出す、その「生成語」を基礎に、文字を用いて世界へ参加する能力と態度を培う、……。こうした過程を彼は「意識化」と呼んだが、この方法は今日、ユネスコの識字教育の基本的方法としてとり入れられている。

多文化、多民族がひしめくアメリカにおける識字教育をめぐる議論のなかにも、文字を学び覚えることが、白人文化への統合を促されることになるのではないかという怖れから、「識字の暴力」ということが一部で議論されている。その論点はさらに拡大されて、そもそも文字をベースとした文化（文字文化）が一定の型の思考を強要し、庶民の自由で創造的な思考を奪いとってしまう可能性があるのではないかというところまで広がりつつある。文字を学ぶことは必要であるにしても、文字は常に支配する例の必要によって広められたものであるかぎり、その転換は容易でないという判断である（くわしくは、たとえば LITERACY,A Redefinition,edited by N.J.Ellsworth et al,1994. 菊池久『〈識字〉の構造――思考を抑圧する文字文化』勁草書房、一九九五年、J・E・スタッキー、菊池訳『読み書き能力のイデオロギーをあばく――多様な価値の共存のために』勁草書房、一九九四年、などを参照いただきたい）。

読み書き計算の能力が、社会における人物評価の基準になりやすいのは、先にみたように、その能力の高さが社会における知的能力の高さに直結しているから、というよりは（それも一部あることは否定できないにしても）それ以上に、その学習プロセスにおける集中力、単純な作業にたえる忍耐力、単純作業を興味深い学習プロセスに転換する創意力などの性向を評価することが多いからであり、また読み書き計算の能力の高さが、子ども・青年たち自身のプライドを高め、精神が一定の知的世界に参入しつつあるという気持ちを醸成する効果をもっていて、それが知的背伸びを可能にしやすいからである。これが、一定の文脈では、支配のイデオロギーと重なり、読み書き計算の習熟への努力が結果として支配の正統化を強化するという政治力学が生じることになるわけである。

私たちとしては――これから多くの議論を期待したいのであるが――

①文字の読み書き、初歩的な計算をきちんとマスターすることが国民の基本的な要求であるかぎり、ていねいにそれを保障する。

②その場合、それだけを他の学習と切り離して、ドリル的、競技的に教育していくことが十分にありうる。そのときは、内容は極力基礎的なものに限定し、誰もが適度な努力をすればマスターできるものにする。内容の難しさによる学力差の拡大を抑え、マスターできるという快感を知的学びへの姿勢の向上につなげることを目標とする。

③基礎学力を3R's に限定する場合でも、その内容の文化性――たとえば漢字の成立のおもしろさや計算の意味、さらには、それを獲得したことによる人類の生活の変化、そのプラスマイナスなど――を丹念に伝えるような学習も並行して組織する。

④3R's 的な学習を他の教科にも広げるのでなく、総合学習、調べ学習、ディスカッション等々、多様な学びを、重視し、全体を通じて、学び型の諸相がバランスよく配置されるようにする。

⑤討論の方法、資料やデータを見つけたり、つくり出す方法、明らかになったことをプレゼンテーションする方法などの基礎についても、これからはていねいに訓練し、それらの経験の中から3R's だけではない「基礎学力」の新たな内容をつくり出していく努力をする。

などの諸点に留意した、「現代的リテラシー教育」を構想すべきではないかと思われる。

そのためには、学びの主体としての子どもが、授業、鍛錬の対象として位置づけられるのではなく――鍛錬が大事だと思えば、それを子どもたち自身が相互発見しあえるような学習が保障されねばならないだろう――、基礎学力を身につけることが、文化の基礎部分を感動的に発見し身につけていくことに重なるような、学びの質を追い求める授業が大切になるだろう。いずれにしても、学びの自由化→基礎学力の軽視→基礎学力の重視→基礎学力の鍛錬化、という単純な図式を超えることが、今求められているように思われる。

第二部　「教育」からの脱皮

V

「教師」からの脱皮

1――教師は〝親〟、教室は〝家族〟

(1) 教師という仕事の特殊性

教師という職業は、世の中でも変わった職業の部類に入るのかもしれない。少なくとも一年間同じ相手に仕事をする。客がどんどん変わるのがふつうの仕事なのに教師はちがう。しかもひとつの部屋にとじこもって朝から同じ形の行為をずっとくりかえす。教科書を読み、説明をし、黒板に書き、発問し、討論を組織し……という、同形の行為を毎日毎日続ける。しかも、自分は知っているのに「これはどうしてなんでしょう」などという作為的な質問を生徒にぶつける。生徒がまじめに「ほんとうは先生、知ってるくせに……」などと考え出したら仕事は成立しない。そんな危うさをもっている。

仕事の成果は、生徒の笑顔であったり、生徒の理解力、思考力の伸びであったり、親の感謝の言葉であったりして、形のある成果を生み出すという世の中一般の仕事ともこの点でまたちがっている。成果がすぐには形にならないのである。しかし客として子どもを提出している親のほうは、成果が見えないことをあまり好まない。成果が見えるようになんとか伝えてほしいと、直接・間接に要求を伝えてくる。その点も無視できないので、工夫がたくさんいる。

少なくとも一年間、同じ空間、同じ人間関係の中で暮らしながら、少しずつ目に見える成果を上げていかなければならないという仕事の性格が、時としてこの仕事をつらいものにする。クラスという集団の人間関係がギクシャクしだしたら、なかなかおさまらない。人間関係のイライラの発散のさせほうがたいへんむずかしいからで、すぐに攻撃性を集団内他者に向けてしまい、関係が暴力的に秩序化されたりする。そんな中で仕事をしているとそれこそ血圧が上がってしまう。

そうなってしまうと、子どもを預けている親と地域の厳しいまなざしが突きささってくるので、教師は必死にそうならないように防衛し、また〝荒れた〟らそれを克服しようとする。親だけでなく、学校の管理者もその点についてはうるさく厳しいので、そこからの圧力がかぶさってくる。これは目にみえないが強いストレスとなってしまう。

このように、教師という職業は、世間の他の職業にはない特殊性がいくつかある。対象と方法の長期の同一性。仕事環境の閉鎖性。成果の抽象性。非可視的な種々の圧力の強さ……。

これと似た仕事を社会に見つけるのはむずかしいのだが、人間関係や仕事の性格の点で学校や教室と似たものが社会には確実にひとつある。それは家族と親子である。いつも同じ人間関係を続けなければならない点でも、いつも同じ空間で生活を続けなければならない点でも、そこで人間としての成長が期待されている点でも、学校や教室は家族と相似的である。家族における親も学校における教師と同じように、すぐに目に見える形での成果を生み出せないが、何らかの形で人間形成上の成果を産出することをどこかで期待されている。あせって形の見える成果を上げようとすると子どもに無理をさせてしまい、あとでツケを払わなければならなくなる点でも家族と学校は似ている。

最近、家庭が社会の圧力を強く受けて、わが子を早期教育に追いたてたり、まちがった扱い（子どもの求めているものと大きくずれる扱い）をして子どもを虐げてしまうケースがふえてきたため、家族や家庭は〝良いもの〟とは無前提には言えなくなってきた、という指摘がふえてきている。教師の家庭でもわが子の不登校や家庭内暴力に悩む例はあとをたたない。今や〝家庭〟を〝絶対善〟と考えるべきではなく、ときとして人間をダメにしてしまう〝危うい〟組織だと考えたほうがよいとの主張が十分な説得力をもつようになってきている（たとえば、斎藤学『「家庭」はこわい』日本経済新聞社、一九九七年）。

家庭がこのように相対化されるプロセスは、学校や教育が相対化されるプロセスとほぼ重なっていた。家庭や家族はすでに必ずしも〝良いもの〟〝温かいもの〟などとは言えない、との主張の広がった同じ時期に、学校や教育を頭から〝善い〟ものと考えるのはやめよう、ひょっとしたら人間は教育によってダメにされているのかもしれないし、現実の学校はその可能性を広げているのではないかという主張にさらされたのである。こうした社会評価の変容という点でも学校、教育と家庭、家族は似た運命をたどっているように見える。

学校は家庭と異なる面も当然もっている。学校では何よりも血のつながらない他人の子を預っているし、仕事をして育てていけば給料がもらえる。仕事の評価＝査定もそれなりに他人によって行なわれているし、仕事そのものをやめようと思えば、いつでもやめられる。その点で家庭ほどのいい加減さと運命性はないといえる。けれども、家庭だって血のつながらない他人の子を育てることもあるし、育児の評価は他人が形式的にしなくても、親は失敗は許されないという想いを抱いている点でいい加減ですませるものではないと感じている。やめようと思えばやめられるといっても学年途中で〝今からやめる〟と言えるはずがなく、むしろ〝きょうは親役をやめよう〟といえる家族のほうがラクかもしれない。

そう考えれば、学校と家族はやはり似ている、といわざるをえない。その自覚をもつか否かによって、教師という仕事の充実感や意味も変わってくるはずである。

（2）教室は家族、教師は親

家庭が子どもにとってよい場所であるためには、どのような条件や対応が必要であろうか。子どもの側から見たよい家庭のイメージを思いつくままにいくつかあげてみよう。

①親が厳しすぎず、いつもユーモアがあって、やさしく対応してくれる。

②失敗しても、頭ごなしでどなるようなことはせず、どこかで信頼していてくれてときに励ま

してくれる。
③人生のレールを強く敷かず、自分のレールは自分で敷けと温かく見守っていてくれる。
④おちこんだようなときには、じょうずに気分転換をはかってくれて、やる気がわくように配慮してくれる。スキンシップもときとしてはかってくれる。
⑤一家団らんのような家族の温かさ、楽しさを追求していて、一人でないことのうれしさを感じるようにしてくれる。
⑥親が疲れていたりおちこんだりしていても、それをそのまま子どもに出さず気を遣いすぎなくともすむようにしてくれる。それでいてときどきに親の本音を語ってくれる。
⑦親自身が人生のテーマをもっていて、それをめざして努力していて、それが〝生きる喜び〟の有力なモデルを子どもに示している。
⑧子どもの内面の悩みなどにズカズカと入りこまないで、遠くからやさしく〝悩むこと〟を見守っていてくれる。
⑨いけないことをしたときや少しワルいことをしたようなときには、真剣に叱ってくれる。暴力でなく真剣さとユーモアで人生の処世術を教えてくれる。
⑲兄弟のどんなタイプの子にもえこひいきせず、平等に接してくれる。
⑪子どもの得意なところ、その子らしいところなどをうまく見つけてくれ、それを伸ばすことを励ましてくれる。

これらは、子どもにとって親がどのような対応をしてくれればいいのかをいくつか並べてみたものである。実際の親がこのすべてを実現できるわけではないが、ときに反省して、〝子どもにとっての親〟イメージを深めることは必要であろう。ところで今の①〜⑪の主語はすべて〝親〟であるが、これをすべて〝教師〟に直してみればどうなるだろうか。ほとんどが教室にいる子どもにとって、こんな教室であり先生であればいいなと思っている内容になるのではなかろうか。

そう、現代の子どもたちが教室の担任たちに求めているのは、こうしたアナロジーで考えればわかるように、〝親のような〟教師、それも暴力的でない、温かさをもった、お父さん、お母さんのような教師なのである。

家庭では、教育の成果が目に見えるような、たとえば数字でわかるような形で生み出されないので、あとで子どもが自分で伸びていくことができるための基礎力を育てることに基本目標がおかれる。それと同じように、学校でも、本来、あとで生徒たちが自分を自分らしく伸ばしていけるもうひとつの基礎力を育てることが目標になる。そのためには、〝自分はダメだ〟などと絶対に思わないように、子どもたちの心の深いところに自分への信頼感を育てていくことが課題となる。

これはむずかしいことだろうか。

そうではないと思う。家庭でわが子に〝おまえはダメなやつだ〟などと言うことはふつうははばかられるように、学校でもそういうふうにメッセージを伝えることと、そうしたメッセージを生みやすい環境づくりを極力さければよいのである。

家庭では四角四面の態度を親がとらないでいい加減なところがいっぱいあるがゆえに子どもが解放されるのと同じように、教師も学校ではいい加減なところがたくさんあってもよいし、そのほうがよいことが多い。大事なところではビシッとしているが、日常的にはゆったりと、いい加減さを大事にして生きているという雰囲気が子どもにはとりわけありがたいのである。それでいて、大切なところでは頼りがいがある、そうしたイメージの大人を子どもは欲している。

ともかく、教師は己れがどうあればよいかというイメージをつくるとき、その有力なモデルは、子どもを深く励ましてやれるような親なのだといつもわきまえていくことが大事なのではないかと思う。〝教室はもうひとつの家族〟〝教師は教室家族の大切な親〟というイメージが学校を救い、子どもに喜びをもたらし、教師を生き返らせてくれる。

2――〈学び〉の組織者、誘導者として

(1)「教える人」= teacher は教師の役割のひとつにすぎない

以上は、教師という職業を選んだ人間の基本イメージについての提案だが、その仕事の内容に

ついてはどうか。

教師が日常的に苦労するのは、まず授業であろう。授業の主催者としての教師についても、今、モデルチェンジが必要になっているように思う。

ひとつの例を挙げてみる。

「三五チームが参加している野球の試合をトーナメント方式で行ない、優勝チームを決めたいと思います。試合は、全部で何試合行なわれなければならないでしょう」

これを、生徒たちにまずあれこれ試行錯誤させて解かせてみるとしよう。当然なかなかやり方が定まらず時間もかかる。やがて、ある生徒がトーナメント表を作り、苦労して三四試合だということを発見する。その説明を聞いてみんな、なるほどと感心する。教師はそれに対して、「今のでいいネ。でも他に解く方法はないかな？　もっと早くわかるような」とまた別の方法を発見するように促してみる。こうした授業方式がひとつ考えられるだろう。

しかし、これは時間がかかりすぎるということで、たいてい途中で教師の説明にきりかえる。

「いいかい。トーナメント方式では、何回戦でも一試合やることに一チームが負けて、そのまま帰ってしまう。そのチームは二度と出られないわけだ。一試合やれば一チームが消える。いいかい、これが原則だ。ところで全体で何チームだった？」

「三五チーム」「そうだ、三五チームだね。最後に優勝するチームは一回も負けないわけで、残りのチームはすべて負ける。しかもどのチームも一回しか負けないわけだ。一チーム残るためには何チームが負けなければならない？」「三四チーム」「そうだ、三四チームだ。三四チームがひとつずつ消えていくためには何試合しなければならないことになる？」「えーと三四試合かな」「そうだ、三四試合だろ。もうわかったかな？　三四チーム消えればよくて、一試合で一チーム消えていくわけだから、けっきょく全体で三四試合すればよいということになる」「エーッ。あ、そうか。ウーン？？？」

これは、確かに「すごい」解き方で、ちゃんと理解すれば、n試合のトーナメント戦はn－1試合になるという公式も導き出せる。こうした解き方をじょうずに「教え」れば、子どもたちは「無駄」な試行錯誤などしなくてもすむことになるだろう。

このように、「正しい」解き方や知識をトークアンドチョーク方式で「教え」ていくのが、「教える」ことを仕事としている教師の仕事の中身である、というのが、教える人すなわちteacherとしての教師の仕事イメージである。

こうしたやり方は、制限時間内での「正解」の競い合いである受験のノウハウづくりには確かに役立つだろう。しかし、それで子どもたちに考えることのおもしろさと、考えれば何とかヒントは出てるものだというような「自己への信頼感」が育っていくだろうか。

教師が「正解」を知っていて、一連の授業過程のあとで教えてやるというようなことが前提となっているわけではない国語などの授業の場合、つまり、「正しい」答えは必ずしも一義的にどこかにあるわけではなく、みんなで懸命に考えあえば、一人では考えつかなかったような「すごい」

答えが見つかることもある、ということを前提として追求しあっているような場合は、生徒たちは教師が「正しい」答えにそれとなく導いていこうとすることを必ずしも歓迎しないということは、しばしば体験するであろう。

子どもたちはみな、道路で言えば十分舗装されていない、無駄の多い田舎道のような思考回路しかもっていない。その田舎道をフルに使ってあっちへ行きこっちに来たりの思考をし、少しずつ道路を整備していく。それが楽しいから懸命に考える。教師の正しい「教え」は、それに対して、子どもたちにそんな回り道をしていないでこっちの道を通ってごらんと、田舎道の横に県道や国道をすっと作っていくような面をもっている。ときには田舎道の側に高速道路を敷いてしまうこともある。

子どもたちは、新しく敷かれたその道路をわがものにすべく、類題もその道路を通る形で解いたり、懸命に暗記したりする。しかし、それは自分で苦労し、工夫して、自分なりにまっすぐに敷いた道とはどこかちがっている。十分車を走りこなせない県道、国道は舗装の前に砂利を入れたままで工事が終わったような道路にすぎない。

そうした思考回路＝道路を子どもたちが欲しているわけではないだろう。はじめは細くて曲がっていても自分で敷き平らにし通りやすくした道路をどの子も欲しているのである。それを自分で少しずつ舗装し拡張し、複雑にはりめぐらせて、複雑な思考回路をつくりたいのである。

そう考えれば教師の役割はときには教える人＝teacher でなければならないだろうが、別のときには推進援助役＝facilitaterであったり、コーチ＝coachであったり、ある場合には組織者＝organizerであったりと多様でなければならないことになろう。

（2）〈学び〉の物語を創造する活動としての授業へ

私ごとになるが、筆者はかつて塾で小五～中三の生徒に算数・数学を教えていたとき、全員をその子の進度に応じてきちんとわからせる授業を追求したことがあった。そのとき、あるテーマをみんなに説明してひとところの理解ができたと思ったら、そのあとは、理解がほんものかどうか確かめる例題を解かせるようにした。そのとき、わからなければ適当に相談したりグループでワイワイしながら解くように勧めた。教師はあちこちでワイワイ言っているところを回り、グループのレベルに応じた適度なアドバイスや励ましをして回る。座席を自由にしておくと、生徒はレベルの似たもの同士で集まるので授業は進めやすかった。回りながらみんながわかっていないなと思うと説明をやり直す。早くわかっている子がいれば、状況に応じて別の子（グループ）に説明させる。すぐわかった子たちには個別にどんどん問題を与えていく、……というような形態で進めたのである。

こうしたやり方は進度のちがう子がいてもみんな自分のレベルでやれたし、協働もそれなりに進んだ。全員で考えるべきときには全員で考えた。その点でそれなりの成果をあげたと思っているが、そのとき教師であった私は「教師」であり、「組織者」であり、「コーチ」であり「ファシリテーター」であり……と、実に多様な役割をこなしていた。場合によっては「挑発者」の役割さえ演じた。

こうした経験をベースに考えると、教師の教育活動を〈指導〉と〈援助〉に二分するということは、いかにも無理があることがわかる。教師の役割は、もっと臨機応変、多様で、テストが近づけば「自学」のための学習プランづくりの手伝い者となったし、ときには生徒に授業をさせてみたり、知人に話してもらってこっちも聞くというようなことだった。

教師の役割を固定的に「教える人」と規定することが窮屈になるもとなのである。

こういうと、教科書の制約があるとか、教える内容の科学性や系統性はどうなるのだとか、科学的な認識の仕方でなく経験的な認識の仕方にとどまってしまうことも多いのではないか、と心配をする人がいる。

教科書の制約というのは当然で、それを〝制約〟と考えず、教科書もひとつの教材と考えていればもっと気楽にやれるのではないか。授業において「教材」は教科書は当然だが、生徒の発言や問いも大切な〝教材〟だし、教師自身の存在もまた教材なのである。それを臨機応変に活用し、また組みたてていく。これが授業であろう。

認識のつまずきを防ぐため、系統性はある程度重視されなければならないのは当然である。九九をマスターする前に割り算をさせようとする人はあまりいない。しかし、社会科や理科などでは、子どもの認識というのは行きつ戻りつしながら、自分で少しずつある〝像〟をつくっていくものであることは経験的に明らかではなかろうか。歴史の流れを教える前に江戸時代のことを教えることは不可能かというと、そんなことはない。江戸時代のこと、奈良時代のこと、明治時代のことなどを順不同でおもしろおかしく学んだあとで、歴史の流れを学んでみると、それまでの知識が子どもたちの頭の中でそれなりに整理され直していくものである。もちろん逆の順序で学んでもよい。その順序性が大切なのではなく、それぞれの学びが生きいきと、子どもたちの頭の中に新鮮な何かを残す仕方で行なわれたか否かが重要なのである。理科にもそういうものは多い。雲のでき方を学ぶのに、断熱膨張などの知識がいることは当然でそこにある程度の順序性はあっても、それを学ばなければ台風や梅雨前線などのことを学ぶことができないかというとそんなことはないことは理解しやすい。

そう考えてみると、教師の役割はいかに順序だてて計画どおり教えていくかということにあるのではなく、生徒の〝学び〟が生きいきと、教材の示す本質的な価値のレベルで行なわれるように、ありとあらゆる工夫をこらして誘い出していくことにあることがわかるのではなかろうか。授業の成否は、教室を舞台に、生徒たちが楽しそうに、ときに真剣に〈学び〉の物語を創作し、演じ、深めていっているか否か、にある。教室が小さな学びの物語の渦になっているか否か、私たちの視点はそこに移っていかねばならない。

そして、「学び」の組織者、誘導者としての〈教師〉はもはや旧い「教師」ではなく、その固定観念から脱皮していくことにこそ、新しい〈教師〉への道がある。

3――〈教師〉の型からの脱皮を

(1) 型への強迫と型による安住

精神科医の中沢正夫氏は、病院を訪れる患者の中で、教師は部屋に入ってきた途端にそれとわかると言っている。医者と対峙するときも、その姿勢――前のめりに医者の方を向いてややかがんで座る――や、メモのようなものを取ろうとする態度など、教師に特有だと言う。それだけ、教師には〝型〟が強くなっているということだろう。

型が強いということは、無理をしている人が多いということと同義である。一人ひとりの個性が大事にされれば、そこにひそむ共通の型は、それほど明示的にあらわれるものではない。教師という人間は、〝こうあらねばならない〟という無意識の型を脅迫的に先に感じ取らされてしまうから、みな、いつのまにか似た型になってしまうのだろう。しかも、教育活動が〝うまくいっている〟と自認できていない場合、〈自分は自分〉と居直ることもできなくなり、同僚と同じ型にいることに安堵を覚えてしまいがちである。その意味で、型の強まりは、教師の安易な安住への志向の反映とも言える。

その安易な安住への志向状況が、自分はほんとうの自分らしくない状態でいる、という意識の深部での葛藤を意識させないように働いてしまう。その葛藤に気づかず、いつしか無理を重ねて病院を訪れる人が増えることになる。病気休職の教師の中で精神疾患患者は三四％を超えていて、一般社会の平均値よりはるかに高くなっている。教師の疲れを象徴する数字である。その疲れから逃れるために、型に安住しようとする気分が生まれやすい。

しかし、人間は、型に安住しようとしているとき、意識が閉鎖的になり、自分を他者のまなざしで見つめることができなくなることにも思いを致すべきであろう。親や子どものまなざし＝社会のまなざしで自分を見たとき、自分はどうふるまっているかが、だんだん見えなくなるのである。そうした状況で教師を続けることは、意識の深いところに矛盾した自分を抱えこむことにつながる。ほんとうは教師という型にこだわることで疲れているのに、疲れないために型に安住しようとしてしまうからである。自分を自分らしくなくしている文化＝型にこだわって、かえって自分の心を疲れさせてしまう。「型」にこだわりすぎるかぎり、自分をほんとうに解放していく道はない。

もっと肩の力を抜いて、自分らしくあればよいのではないか。ざっくばらんに自分を表現したほうがいいのではないか。

八〇年代のはじめに、ある〝荒れた〟中学校で〝生活指導〟にあたっていた一人の教師のことが思い出される。その学校の〝荒れ〟があまりにひどいので親に集まってもらって全校集会を開いたとき、ある教師が親を前に型どおりのことを言いはじめた。しかし親の顔はさえず、けっきょく、家庭でしっかり監督してほしいということなのかという落胆に似た表情が走った。そのとき、かの教師は、マイクのところに走りより、マイクを奪ってしゃべりはじめたのである。

「そんなことじゃないんです！　はっきり言います。私たちにも、どうしていいかわからないんです。あれこれやってみた。でも、よくならない。ことばが届いていかないんです。みなさんに言いたい！　いっしょに考えてください。どうしたらいいか。知恵をかしてください！」

それを聞いた親の顔色がパッと変わった。急にざわめきが始まり、しばらくすると親からの発言が始まった。

「私たちは先生方のそういう本音が聞きたかったんだ。よく言ってくれた。もっとありのままに話してほしい。私たちにできることがあれば何でもやりますよ……」

この学校は、これをきっかけに大きく流れが変わっていった。職員室にお父さんたちの姿が頻繁に見られるようになった。学校の「敷居」が急にとれたかのようだった。

今、小学校でも「学級崩壊」のような新しい異議申し立て行動が見られるところが多くなっている。そういう学校では、このような、本音の、人間としての正直な感情の交流が見られているだろうか。先の教師は「教師」という建前、型を捨てて、一人の悩める人間として、親の前に立ったのであった。そのとき親たちと、そして親同士の心が共鳴した。「教師」という型を脱皮し、人間が姿をあらわすとき、教育の新たな関係が始まる。

(2) 自然体という型へ

このことは、先に述べた、教師はすべからく学級という家族の親としてふるまったほうがよい、ということと深くつながっている。

家庭の中で、オレは(私は)、親だから、オマエたちにはこれこれのことは守らせるということを、子どもの意見も聞かずに決めたらどうなるだろうか。食卓の席も、風呂に入る順番も、家庭の中では子どもたちの意見や希望を聞いてみんなで納得して決めるのではなかろうか。

しかし多くの学校では、これがちがってしまう。座席は生徒たちの希望と意見を聞いて納得して決めている教師がどれだけいるだろうか。一年生だって、どこに座りたいかという希望はもっているだろう。科目ごとに変わりたいと思っているかもしれない。だのに、教師が勝手に決めて守らせようとする。すると、子どもたちは早くから学校というのは言われたとおりのことをするところ、というイメージをもってしまい、その後の一貫した受動的な生活(態度)のモデルをつくりあげてしまう。授業中の発言だって同じだろう。黙っている(という選択をしているのに)「ハイ、○○さんどう思いますか」と聞かれる。そういうことを通じて、学校というところは要求されたように考え、要求されたように答えればよい生徒だと思われるということを学んでしまう。

こういうことの小さなくり返しが〈自分たち一人ひとりが大切にされている〉という信頼感をこわしている。あるベテランの女性教師の授業を見学していたら、生徒がトンチンカンな答え方をしても、絶対に「アレ、先生の質問の意味わからなかった？」などと聞かないのに感心したことがあった。その教師は「ヘェー、どうしてそう思ったの？」と興味深々のまなこで聞きかえし、その説明を聞いたあとで、「そうか、〇〇ちゃんは先生が△△と質問したと思ったんだね。そうか。先生は実は『……』ということを聞こうとしたんだけど、質問の仕方があいまいだったね。でも、今の意見、すごくおもしろかったねェ。ねェみんな？」というふうに答えていた。決して生徒のプライドをきずつけまいとする身体化した配慮からであった。

教師という「型」にこだわっていると、家庭で、子どもに接しているときと異なった原理の対応がふえてしまう。家庭と学校は当然異なるけれども、子どもから見れば、親も教師も、人間として納得のいくつき合いをしてくれるという点で、評価するのがもっともうれしいし自然なのである。もちろんことわる必要はないと思うが家庭と学校を一致させていく方向には二種類がある。もし、家庭でも学校でも同じような態度でふるまう教師がいたら、その教師は、学校でも家庭でも子どもたちをうまく解放して心の通い合う教育をしているか、まったく逆に学校でも家庭でも子どもたちを〈型〉にそうように強要しているか、いずれかであろう。私たちに要求されるのは当然前者の方向での一致への努力である。

「教師」だから、次々と発言を促していく、「休め！　キョーツケ！」と号令する、等々の行為はあたりまえと思っているかもしれないけれども、社会一般のまなざしから見れば、こんなことを平気でしているのは「教師」だけなのである。そうした「教師」くささを一度すべて脱皮してみたらどうだろうか。教育実習にいった学生が、実習中ネクタイをつけさせられたと言っていたので、驚いたことがあった。そう指導教諭に要求されたそうである。男性教師はすべてネクタイをつけて授業をしろといわれている学校があるということも驚きだが、それでは生徒たちとふざけあって遊べないじゃないかと疑わないことも不思議であろう。

教育というのは関係的行為である。こちらが緊張していれば生徒も緊張する。それには耐えられなくなると騒ぎ出す。こちらが生徒の一挙手一投足を尊重して対応していれば、生徒もみんなにそういう対応をしようとするようになる。こちらが「教師」という型で接しようとすると子どもたちは「生徒」という型で応じようとする。どちらも生身の人間を見せない。

人間として、等身大の自分を出して、生徒の一人ひとりのかけがえのなさを尊重した、〈人間〉としての私で接してみたいものである。授業だって、自分は素人なんだというまなざしを一方でもって、他方の目でこれまでの自分のやり方をうまく引き出しながら、その二つの接点で無理のないその人なりの自然流でやればいいのではないか。親の中に教師である私がまったく知らない文化を所有している人がいれば、その人に来てもらって授業をしてもらってもよい。外国人の子どもが入ってくれば、その親にその国のことを紹介してもらう授業をしてみる。すべて、「教師」という型から自由になれば、どんどん出てくる発想のように思う。要は一歩踏み出せるかどうかということだけである。それをしてから、自分の実践を子どもたちの深い文化体験の組織化という視点から反省する。

(3) 教育は関係的行為であることの自覚を

今、教育は関係的行為であると言った。このことは教師がもっとも強く自覚しておかねばならないことのように思う。関係的であるということはお互いがお互いを支え合っているということである。教師は実は生徒に支えてもらっている。そのことに教師はなかなか気がつきにくい。もちろん生徒は教師に支えてもらっている。生徒もこのことに気がつきにくい。

教師が生徒に支えてもらっているということは、新米教師が実はもっともよく実感できることではあるまいか。私事になるが、私が大学で初めて教壇に立ったとき、こんな講義をよく黙って聴いてくれているものだ、ということを強く感じた。こちらが冷や汗かきながら話していることを、学生は〈新米教師、がんばりな、俺たちがちゃんと聴いてやっからな〉とでもいうように、きちんと聴いてくれるのである。これはほんとうにうれしかった。こちらのそれなりのまじめな姿勢があれば、学生たちはそれを支えてやろうと行動するのである。気持ちがどこかで通じるのであろう。関係的とはそういうことである。こちらが差別的であれば、生徒たちは反発し、いつしか差別的であってもいいのだということを感じてしまうかもしれない。こちらが公平な姿勢を続ければ、生徒たちも共感して公平に行動しようとするようになる。

かつてある心理学者はそうした教育上の効果を「感化」による教育と呼んだが、それは教育のこうした本質的な関係性に由来するものだと思う。だから、こちらが気負うと、生徒も知らないうちに気負ったり、教師が気負っていることを感じてかえって気を遣い、いつしか生徒が疲れたりするのである。

自分が生徒に支えてもらっているということを自覚した実践は、独白的な言葉を拒否しようとしているという点で共通している。気負った実践は往々にして独白的である。対話的でない。言葉が子どもたち一人ひとりの心の中で共鳴し発酵する力を持たず、ただ発信者の教師のところへ反響しながら帰っていくだけである。その迫力に「すごい」と感じさせはするが、それ以上ではない実践。これが独白的な実践である。

対話的というのは、身体を他者に気負いなくひらき、他者をくぐって言葉を紡ぎだそうとする態度のことである。こちらの土俵に無理に相手を入れ込もうとするのでなく、また逆に相手の土俵に何とか入らねばと感じることでもなく、両者の間に共通の土俵を創り出して、そこに言葉を投げ入れ、吟味しあうことである。それを子どもたちと教師、子どもと子どもが協力して行なう。それが対話としての授業である。そこでは、生徒たちも教師も無理にお互いに入り込もうとする気負いや気遣いから解放され、その無理さから逃げ出そうとして自我を強引に閉じる閉塞感からも自由になる。対話が成立している授業は気負いがなく、教師自身も生徒も気持ちが優しくなれるし、毎回どのような土俵が作られるのか楽しみになる。その土俵にそれぞれの自我が出入りすることによって、それぞれが小さな自我変容を体験する。それはときとして閉塞している自我を癒してくれる。癒しとしての授業の成立。

今日の子どもたちの閉塞感は行き着くところまで行き着いている印象を与えている。ある教師は六年生のある突っ張り生徒の肩を支えたとき、そのあまりの凝り方に涙が思わず出てしまったと語っていた。六年生にして身体がそこまで凝って、ひらくことを拒否している生活とはいったいどんなものであろうか。これと同じ程度にこの子の心も凝って、他者にひらくことをかたくなに拒んでいるのであろう。これではいっしょに教室で生活していても、共生している喜びは実感できない。

他者に対してかたくなになった身体と自我は、人間をより豊かにしてくれるはずの文化に対してもしらずしらず閉ざす可能性がある。大人が伝えてくる文化にそうしたバイアスを見てとるからであろうか。これでは学びを拒否する身体となってしまう。今日の教育実践は、子どもたちの閉ざされようとしている自我に触れ、他者と触れあいながら、心と身体をまずは他者に、そして優れた文化に向けてひらいていくことを必死で支えていくように構想されなければならない。対話としての授業が要請されているのはなによりもこのことに関わっている。気負いのない、関係性を大切にした、お互いが共通の土俵を作りあうような実践。身体をひらき、自我の殻を徐々に破って、お互いが皮膚感覚で触れあうことを自己の小さな覚醒と感じるような実践。さまざまに表現できるであろうが、いずれも新しい教育実践と新しい教師像が要求されていることにはちがいがない。

(4)〈個性〉の現実化への挑戦

これまで述べた「教師」からの脱皮への努力というのは、別の角度からみれば〈個性〉の現実化への挑戦である。

個性が大事だということは理屈では誰もが認める。それは人間は誰一人として同じものはいないし、その違いの中にその人らしさが潜んでいるからである。けれども心理学でも哲学でも、これまで人間の同じ部分がどこか、それはどう発達するのかということは研究してきたが、違いはどこにあるか、違いはどれだけ大事か、などということはほとんど研究されてこなかった。このことひとつに見られるように、個性ということが大事だと本音で主張する文化を残念ながらまだ私たちはもっていない。それを否定する経済・社会の圧力が強すぎる。

しかし、もうそろそろこうした文化は本気で克服しはじめなければならないのではなかろうか。そのため、まず教師は自分はこうしたやり方が得意なので、これでやらせてもらいますと、じょうずに居直ったほうがいいのではないか。あっちに名人がいればまねをし、こっちに新しずきの先生がいれば教えてもらい、というのももちろん大事だろうが、それだけでは自分の個性は宙に浮く。教師が、どうせ自分は自分だからと居直って、自分流にこだわって――ただし生徒たちと対話しながら――自分流の授業を編み出していけば、実は生徒たちも、個性が大事だ、一人ひとり違うということが価値あることなのだと感じるようになっていく。子どもたちにははにかみやがおり強情ものがおり、泣き虫がいるのと同じように、教師の私もそういう自分の性格を押し殺して「教師」でございますという振る舞いをするのはそろそろやめてはどうかということである。要するに生徒から見ても、親から見ても、同僚から見ても無理をしていない自然体の人間誰それであるという形で登場したほうが、楽だし、子どもたちもそのほうが喜ぶだろうし、そして、そうしたときにこそ、もっと本ものの実践をしてみたいという意欲が、自分の本音からわいてくるだろう、ということである。

教師は教材準備ができないほど今、忙しいといわれる。しかし、ほんとうにそうかどうか、手を抜いても問題ないものはないのか、自分がどうしてもこだわってしたいものと、無理にしなくても本来困らないものを区別できないか、考えてみてはどうだろうか。

こういうことを言うのは、私が共感し、尊敬している教師たちは、だいたいにおいて、無理をしないで自分がやれるやり方で、しかし子どもたちの内なる力をうまく引き出して教育する、自分なりの方法を見い出しているからである。時代が要求する教師像に立ち向かいながら、けっきょく、自分は自分流でとうまく居直って発見した教師たち。それでいて、ほんとうの教育を追求したいという情熱だけは通底している。自分のうちなる悩みをさまざまな仲間にうちあけ、問いや課題を共有しながら、自分を再発見してきた教師群像といえようか。こうした教師たちの中に、私たちは二一世紀の教師像のさまざまな萌芽をみてとることができると確信している。

VI 子どもは教室で何を学んでいるか

1——自分のクラスの見えにくさ

——仮想的なクラスを素材に

教室や学校の中で、生徒たちは具体的に何をどのように学んでいるのであろうか。愚直な問に思われるかもしれないが、このことは案外と自明ではない。教師という存在のあり方を考えるために、この章ではこうした角度から問題を立て考察することにしたい。

イメージを共有してもらうためにある教室場面を想定して、思考実験をしてみることから始めよう。学年は小学校高学年としておこう。

——このクラスの担任は、発言が活発に飛び交うような授業をめざしていて、生徒たちの自発的な発言を強く期待している。そのためいつも「真剣に考えている人ほど活発に発言するものです。黙っている人は考えていないとみなされても仕方ないんですよ」などと生徒たちに発言を促している。しかし、実際の授業は必ずしもそうはならず、発言するのは一部の生徒たちに限られている。そこで先生はよけいに生徒たちに向けて発言を促そうとする。「はい、他に意見は？　どう、他に意見がある人いない？」など。しかしあまり発言する生徒は増えない。逆に最近はなげやりな態度や、意識的に発言を控えようとする雰囲気さえ生徒の間に出てきている。あまり期待に応えてくれないものだから、先生は生徒たちにいらいらすることも多くなっている。……

こうしたクラスであるとしよう。おそらく教室のただなかにいる当の教師にはなぜこうなってしまうのか、なぜ発言があまりでてこないのかは見えにくいのだろう。けれども、外から見ている私たちは、この教師の期待が生徒たちにうまく伝わらない理由をある程度想像することができる。

もっとも一般的に予想されることは、この教師は、自らの期待を本人が思っている以上に権威主義的な態度で示しているため、生徒には先生の一つひとつの言葉が先生から生徒に示される「指示」のように伝わってしまっている可能性である。それが生徒たちに無言のプレッシャーになってしまっている

一般に、これは大事なことだと思うと、思わず威厳をつけて話すため、話し方自体が生徒に抑圧的な感情を伝えてしまうことがよくある。この場合もその例にあたっているのかもしれない。しかも発言の内容が、生徒たちの現状を否定的に評価する傾向を有していると、聞かされるほうは、「オマエはダメだ」とくり返されるようで、少しも前向きになれない。そのうえ、発言を促されている内容が切実味がないと、三重にシラケさせられていく。

もちろんクラスの中には先生のそうした期待に応えようとするタイプの生徒もいる。しかし、もし先生がそうした「素直な生徒」たちを気に入って、授業で他の生徒たちが難しそうな顔をし

出すと、その気に入っている生徒ばかりを指して発言させるようになってしまいがちである。そうなった場合、高学年の生徒たちは、それだけで差別感を感じる可能性が高い。〈先生に気に入られたいのなら発言しな、俺は別にあの先生に気に入られたいとは思わない〉というような気持ちが醸成され、いっそう発言しなくなってしまう子どもも出てくる。

このクラスの実際がそうなっていなかったかどうか。あるいは、先生に促されて発言したが、「間違った」答えを言った（先生が期待する内容と違ったことを言った）ので、「どうして？　先生の言ったこと聞いてなかったの？」などととがめた、というようなことがあればどうだろう。こうしたことが続けば、その教師の前ではその生徒は二度と発言したくなくなるだろう。

また、たとえば家庭が複雑で、母親が再婚した新しい父親が怖くてあまり家でしゃべられないでいるため、学校でふてくされたように見える子にとっては、発言すること自体が煩わしいことになる。そうした、生徒たち個々の内面への配慮がなされないで、発言が強制されると、それは生徒にはむかつく要因にしかならない。この教師の対応にこうしたことがなかったか、これも吟味が必要であろう。

他にもさまざまな要因が考えられるであろう。実際にこのクラスがどのような理由で発言がなかなか生まれないのか、正確な理由を確定することがここでの目標ではない。活発な発言を期待していてもそうならないときには、もっと一般に言えば、教師があることを期待しても実際になかなかそうならないときには、当の教師には気づかれにくいが、しかしそれなりの客観的な理由が必ずあるということである。教師という人間には、とくに授業がうまく期待通りに進まないと感じているときには、そのことがたいへん見えにくい。あせりがあるときはとくにそうである。それは大学教員としての私の日頃の実感でもある。

2――教師の発する非意図的メッセージ

以上は想像的な思考実験であるが、「学び」と「教え」の関係に話を戻して考えてみよう。いったいこの教室で、生徒たちはこの教師から何を学んでいることになるのだろうか。

生徒たちは、教師の言う「積極的に発言せよ」＝「積極的に発言することが人生で大切なのだ」という考え方＝態度・価値観を学んでいるだろうか。たしかにそういうふうに学んでいる生徒もいるだろう。しかし多くの生徒は、逆に「思いつきを発言すれば恥をかく」、「自由に発言しても得にはならない」、「積極的に発言しろと言う大人には裏があるものだ」などという「教訓」をより強く学んでいる可能性はないだろうか。そうした判断を生徒たちは教師の実際の態度や言葉からしばしば感じとるものである。あるいはそうした自覚的な表現にならないけれども、実際に発言することのおもしろさや緊張感をあまり体験しないようになったことが、生徒たちの積極性や発言する力、きく力、いっしょに考える力などの育ちを正当に伸ばさないでいる。

そうした形での「負の学び」が行なわれていることも予想される。

一般に教師は、あるいは教師を含む子どもたちの学習環境は、教師が生徒たちが学ぶことを期待している内容以外に、種々のメッセージを生徒に送り届けている。

教師が生徒に学習し身につけることを期待している内容を意図的教育内容と表現すれば、教師は教室場面で、自らの態度によって、意図的教育内容のもっているメッセージ以外の種々の非意図的なメッセージを生徒に（無意識に）送り出している。それだけではない、教室の机や椅子などの配置の仕方、教室の形状、展示物の内容や展示の様式なども声なきメッセージを生徒に送っている。

デンマークの小学校では各教室に冷蔵庫がおいてあって、生徒は休み時間に家から持って来てその冷蔵庫に入れてあったものを自由に食べてもよいことになっているという報告を聞いたことがあるが、こうした場合、冷蔵庫の存在が送り届ける象徴的メッセージは、生徒に一定の自由感覚を学びとらせる要素となっていることが予想される。

教師の〈非意図的なメッセージ〉には次のようなものもある。

たとえば生徒が間違った内容を発言した時にどのような顔つきをするかということは教師がしばしばとまどうところであるが、このときの教師の顔つき自体が、生徒には重要なメッセージになっている。教師がいやそうな顔をするか、もう一度言うからよく聞いていてねというような顔をするか、おもしろいことを言うねと笑顔混じりの顔をするか、などによって、生徒には異なったメッセージが届けられる。教師のいやそうな顔は、おまえはどうしてできないのだと私は思っているぞ、などというメッセージを届けるであろう。

このようなとき、生徒には教師の意図（生徒に発言させて理解を深めさせたい、など）とは別の、教師の隠れた本音のようなメッセージが届くので、これを〈非意図的メッセージ〉といっているのである。

これ以外にも、どのような調子の声で話すか（情熱的に話すか、淡々と話すか、面倒くさそうに話すかなど）、冗談をたくさん言うか否か、どういうときに誉め、批判するか、生徒が脱線したときに、それをどう受け止めるか、脱線が多いか否か、など、さらに教師がいつも正解をいうようにしているか、生徒に発見させるようにしているか、黒板の前だけで授業をするか生徒の中に入って授業をするかなど、実に多くの場面で教師は生徒にさまざまな〈非意図的メッセージ〉を発している。

生徒はそうして非意図的に発せられたメッセージの象徴的意味を敏感に感じとり、共感したり反発したりしながら、自分のそのときの行動を決めようとする。こうした〈非意図的メッセージ→その意味の感じ取り→対応の仕方〉という連関で表される生徒の心の変化が、教室での生徒の実際の「学び」のきっかけになっている。

これらを通じて生徒たちは一定の「学び」についてのイメージつまり学習観を身につけていく。

生徒にとって困るのは教師の発する意図的メッセージと無意図的メッセージが矛盾する場合である。「人生ははかない」ということ（意図的教育内容）を情熱的に話して伝えようとしたとき、生徒には何が伝わるだろうか。おそらく生徒には教師の意図とは別のメッセージが伝わってしまうであろうことが予想される。

つまり、教師はその話しぶりや授業態度によって、意図的教育内容（「人生ははかない」）に劣らぬほどの非意図的教育内容（「人生はおもしろい！」）を伝えているのである。

参考のためにつけ加えておくと、言語理論の分野で、このことをはっきりと理論化しようとしたのは、イギリスの哲学者、J・L・オースティンであった。オースティンは、人間の具体的な言語行為（話しことばによる行為）は、文にすると十分には伝わらないいくつかのメッセージを常に伝えているということを明確にしようと努力した。

たとえば「あした必ずくるよ」という文は（A）「あす、くる」という語義通りの意味を伝えているだけでなく、（B）話し手が聞き手に対して、あす必ずくるという「約束をする」という行為を行なっているし、さらにそのことによって、（C）聞き手に安心感を与えたり不安感を与えたりするというような感情喚起的な行為をも行なっている。つまり、コミュニケーション状況にある話者の話すという行為は、少なくとも三重のメッセージを必ず相手に伝える、というのである。

オースティンは、（A）を言語行為 locutionary act と言い、（B）を言語内行為 illoocutionary act 、

（C）を言語媒介行為 perlocutionary act と言っている。（オースティン『言語と行為』坂本百大訳　大修館書店　一九七八年）

この理論を借りると、教師の発する〈非意図的メッセージ〉には二重の構造があり、（B）のような「確認」「相づち」「反意」「喜ぶ」「悲しむ」「同意」等々の行為に伴うメッセージと（C）のような「安心」「反感」「軽蔑」「見返す」等々の行為に伴うメッセージの双方を伝えていることになる。しかし、現実には、今述べてきたように、実際の〈非意図的メッセージ〉の構造はもう少し複雑であり、表情、身ぶり、声ぶりなどのメディアの多様性に応じて、それを伝えるメディアも多様なように思う。

問題は、（A）のメッセージと（B）（C）のメッセージが矛盾しないようなメッセージの届け方に自覚的であるか否かであろう。

3 ――「学び」を規定する六つのメッセージ
――教育方法のもつメッセージ性の大きさに

以上の議論をもう少し整理しておく。

これまで述べてきたのは、教育内容だけでなく教育方法自体もそれぞれに固有のメッセージ性をもっているということであった。

先に述べたように、教室という場では、このほかに教育環境もまたメッセージ性をもっている。ある教師は、小学校一年生の生徒に教室のレイアウトを自由にしてよいということで生徒に配置を考えさせてみたら、なんと真ん中にロッカーをもってきて教室を前後で区切ってしまったということが起こったと報告している。

ロッカーの後ろ側は生徒の支配する空間で、要するに教師のまなざしから隠れる場なのである。教師はその通りにして日常の教育を続けているが、私はこの教室では独特の自由さが漂っているのを実際に見て感じた。その環境自身が授業中の発言の自由さの感覚（気兼ねして発言する必要はないのだという感覚）と、自分たちに多くが任せられているという認識から来るある種の責任感（だから勝手なことをしてはいけないのだというような感覚）をもっているように感じた。このように、教育環境の一つとしての教室環境も重要なメッセージを送り届けている。

つまり教育の実際場面では、教育内容、教育方法、教育環境の三つがそれぞれ独自のメッセージ性をもっていて、協調しながら、ときにはお互いに矛盾する形で、メッセージを生徒に送り届けているということである。生徒は教室でこの三つのメッセージの関係を読み解きながら、彼らの独自の論理で「学ん」でいく。このうち、環境のもつメッセージは日常的に届けられるし、教育方法の発するメッセージも、教師個人の人間性が反映しているが故に、刻々と変わる教育内容よりもより恒常性をもって届けられる。メッセージが一定の恒常性をもって届くということは、生徒が恒常的に何かを「学ぶ」条件になっている。

つまり、生徒の「学び」は教師の「教え」の内容に一方的に従属して生じるものではなく、学びの環境や教育方法によっても日常的、恒常的に生じており、それらが重層的に織りなしている多面的な営みなのである。

たしかに教師が「教え」たときに「学び」は生じる。しかしそれは教師の狙いや意図通りの「学び」とは限らない。実際の「学び」は教師の主観的な意図通りではなく、教師の実際に提出した教育内容と、それが提出された際の媒体のもつメッセージ性、およびその学びが行なわれている場の状況の提出するメッセージ性に応じた、すなわち、少なくとも三つのメッセージや条件に応じた、時に重奏する、時にねじれる、「学び」である。実際にはそれ以外に生徒の個々の生育史や内的条件の違いが個別の「学び」を規定しているが、それは主観の側の条件なのでここでは除外しておこう。これをのぞく三つは教室の「学び」を規定する客観的な条件でありメッセージである。

ここで「メッセージ」と言ってきたことがらには二つの側面が含まれている。

たとえば「近代社会では民主主義が決定的に大事だ」という「知識」を取り上げてみよう。この知識（言説）には民主主義とは何かとか、近代社会とは何かという事実認定にかかわる知の側面と、それが重要なのかそうでないのか、重要であるとすればなぜ、かつどれほどなのかという、価値的な判断の側面とが含まれている。

すべての知識には、それが事実を反映しているか否かという真理性に属する側面と、そのことをことさらに知識として特定しようとする態度に込められている価値的な側面（そのことを知識化することがなぜ大事かという判断の背景にある価値意識の側面）がある。自然科学的な知識（言説）では真理性の側面のほうが大きいが、なぜある自然現象を取り上げるのかということの中に価値判断的な面も入り込んでいる。社会科学や人文科学では後者の価値的側面の占める比重はそれよりも大きいことが多い。

教育方法の発するメッセージにも二側面がある。たとえば小学校の社会科で世界の国々を学ぶときに、ある教師が「私は外国へ行ったことがないから君たちに正しい知識は教えられない。だからこれからしばらくは自習してほしい」と言ったという実践があった。

生徒たちは「そんなのずるい」とか「先生月給もらってるのにおかしい」と批判があがったが動ぜず、「ほんとうに行ったことがないのだから教えようがないのだ」と突っぱねた。そこで議論になり、しばらくして生徒から「大使館に行って聞いてくればよい」というアイデアが提案され、それはいいということになった。生徒たちは、次の時間から大使館に連絡を取り、やがて手分けして東京のあちこちの大使館をまわり始めた。そこでの聞き取りの結果をまとめたものが授業で発表され議論になった。

概略こういうものであるが、この実践で子どもたちは、実際に探求していく方法についての知識を身につけただけでなく、わからないときは自分で身体を使って調べることが大切だという価値観をもおそらく身につけている。この教師の採用した教育方法にはそうしたメッセージが含まれていたからである。

教育環境の持つメッセージ性も同様であろう。気楽な雰囲気か、ばしっと決まった硬い雰囲気かなどという違いは、「学ぶ」ときの環境についての一定の知識を伝えるだけでなく、そうした環境が大事である（ない）という価値観をも伝える。

このように、教室で送り届けられるメッセージは大きくみても三種類があり、そのそれぞれが知識と価値の二種類のメッセージを内包していることがわかる。子どもたちは、授業の場で、この六種類のメッセージが複雑に織りなしてくる「教え」の世界に身を置きながら、それぞれの内的な論理に沿い、かつ共同の学習のおもしろさを感じながら、実際の「学び」を成立させている。

このなかで、教育方法の持つメッセージは、知識的側面よりも価値的側面のほうがより多く伝わるので、子どもたちの中により強く印象を与えていくということが重要であろう。知識は取り替えがききやすいが、価値観はかんたんには変わらない。それだけ教育方法の持つ教育力が大きな影響を与えるということである。

つまり子どもは教育方法や教育環境からの「学び」によってより深い影響を受ける可能性があるということである。

これはこれまでの教育研究で十分指摘されてこなかったことであるが、実態だと思われる。

ＴＢＳというテレビ局が行っている子ども調査の中に小学校四、五、六年生の子どもに「自分の好きなことばを書いて」というものがある。

その結果一番多かったのは男子では「努力」であった。二番目が「忍耐」。そのあと「根性」「勝利」などが続いていた。これは今日のわが国の教育が育てた生徒たちの価値観を反映していると思われるが、そのことを直接教育するということはないであろう。大部分、教育内容というよりも、教育方法のほうから子どもが「学び」とったものなのである。

このように実際の「学び」はわれわれが「教え」るから生じるという一方向的なものではなく、「教え」もその一つの契機として含んだ教育方法や教育環境などの織りなす複雑なメッセージ性の中で起こる総合的な出来事なのである。

4――「学び」を機軸とした研究を

先に述べたように、子どもたちにとって困るのはこれらの多様なメッセージが矛盾しているような場合である。例を挙げてみよう。

ふだん生徒に決定権を与えないで教師主導でことを進めている教師が、民主主義というのは共同体の全構成者が参与して決定する制度だということを「教えた」場合を考えてみよう。この場合生徒はいったい何を「学ぶ」のだろうか。おそらく、教師の伝えてくる「知識」をそのまま身体化しないで、いわば頭の中に「間借り」（東井義雄『村を育てる学力』明治図書、一九五七年）させた状態で覚えておくという「学び」が生じるであろう。身体のほうはそうした実感をいっさいもっていないが頭に「知識」だけはあるという「学び」である。

逆に、近代社会のことも民主主義ということばもいっさい教えていないが、授業でわからない子どもがいたら、その疑問を徹底的に大事にしてわかるまで追求するとか、座席は生徒たちが決めるのが本当だと、小学校一年生から座席をみんなで決めるような教室運営をしている場合、生徒たちは民主主義について何も学ばないのだろうか。

私が正しいことを知っているのです、私があなた方に正しい知識を教えてあげます、というような権威主義的教育をしている教師が人権について教える場合、子どもたちは何を学ぶだろうか。科学というのは自覚的方法的な探求の仕方なのだということを一方的、暗記的な授業で教える場合、子どもたちは何を学ぶのか……。

おそらく、条件は限られているにしても、教育内容の送り届けてくるメッセージと教育方法の送り届けてくるメッセージができるだけ一致していることが、子どもの肌でわかるような「学び」を保障するであろう。こうしたこと以外に、実際の教室場面では、先に述べたように、教師のちょっとした言動（生徒の質問に対する応答のときの顔つきなど）の持つメッセージ性が意外と大きく影響し、その積み重ねが子どもに多様な「学び」をつくり出してしまう。こうしたもろもろの意図せざる「学び」が「教え」たいと思っている内容と矛盾しないようにすることが授業の最低限の課題であろう。

今日大事なことは、戦後教育が十分研究してこなかったこの教育方法や教育環境の持つ「学び」の規定性をしっかりとすくい上げることであると思う。

これまで述べてきたことは、授業研究の視点を「教え」中心から「学び」中心に一度うつしてみようということにほかならないが、こう言うとすぐそれでは教育内容のことはどうでもよいのかという反論が返ってくる。しかし、どうしてこうした反論が返ってくるのか理解に苦しむ。教育内容の研究、探究のない教育実践はマンネリと同義であり、慎むべきことである。問題は、その内容が生徒たちの望んでいる学びの内容や質となりえているか、という視点からも研究しているかということである。学ぶ側からの教育内容研究が必要になっていると言ってもよい。

同時に、「学び」を機軸に研究していこうというのは、たとえばこれまで教育内容の系統性の確立こそが教科の科学化の中心的テーマだと考えられることが多かったのであるが、それが子どもの探求能力や認識能力を真に育てているか否かは十分検討されてこなかったということの反省をもかねての呼びかけである。

実際の「学び」の過程で、その深い実現を阻害しているものは具体的には何なのか。教材の系統性が確立していないと子どもたちには科学的な探求能力は本当に育たないのか。教材の系統性があると、どのような意味で「学び」が深まるのか。どうせ結果がわかっていると生徒に感じられているような「学び」は身体化した知識を育てることになるのか。等々。こうしたことを実践的に探求していくには、重点を「教え」から「学び」に移した研究をも追求するのがもっとも近道である。そのために、まずは「学び」は「教え」の従属関数ではないということを示そうというのがこの章の動機である。

教育というのは、一種のコミュニケーション行為である。教師は否が応でも、生徒や親との多相的なコミュニケーションに組み込まれざるをえない。教育の正否は、このコミュニケーション関係の質の吟味、評価にかかっていると言ってよいのだが、そのわりには、教育的コミュニケーションの独自性の認識や自らのコミュニケーション主体としての特性についての自覚を促すような教育研究は十分ではなかったというのが現実ではないだろうか。

教育的コミュニケーションの特殊性は、生徒と教師の非対称的な関係性に一つの背景がある。また生産現場のような、失敗の許されない緊迫性が基本的にはない、常に現実へのシミュレーション的なコミットメントであるという性格も、このコミュニケーションを特殊化している。

関係の非対称性ゆえに、このコミュニケーションは直接的な権力性を帯びやすい。それを緩和するために、あるいはその権力性に逆に育ちの契機を組み込むために、教師を、子どもを信頼してまかせ、距離をとって温かく守るような親にアナロジーしてとらえるべきだというのがV章の主張であった。

教育的訓練のシミュレーション的性格というもう一つの特殊性が導く特徴は、ひとことで言えば作為性であり、温室性である。作為性や温室性は、教育的コミュニケーションをはみ出ようとするものを、現実生活の罰によって戻そうとするのでなく、別の作為性によって閉じ込めようとするために、実にさまざまな可視・不可視の「権力」をつくり出してしまう。それがこれまで述べてきた〈非意図的なメッセージ〉による呪縛であり、拘束であったのだが、教師がこうした細かな「権力」の網の目を構成してしまうことは避けようがない。

大事なことは、教師が生徒との関係づくりにおいて、自らを権力的な関係におくことを逃れようとすることではなくて（それは不可能である）、自らが生徒たちに、どのようなメッセージを届けてしまう関係をつくっているかということについての自覚をできるだけ持つということであろう。

その際、これまで述べてきたような教育的コミュニケーションの構造についての知識をもっと多様に持つことが大切であることはいうまでもないが、それだけでなく、第三者に評価をしてもらうことが、自らの教育的コミュニケーションのくせや型を自覚するうえで大切なきっかけになることを忘れてはなるまい。

たとえば近藤郁夫は、かつて、ある教師の、生徒一人ひとりに対する心理的距離を測定して、それをベースにその教室のコミュニケーションの構造を明るみに出すという興味深い研究を発表したが（近藤邦夫『教師と子どもの関係づくり』東京大学出版会、一九九四年）、こうしたやり方でなくとも、たとえば同僚の教師に授業を見てもらいコメントをもらうとか、親に授業に参加してもらって意見をもらうとか、自分でビデオを撮り、集団検討にかけるとか、多様なやり方が考えられよう。いずれであっても、大切なことは、私のことは私よりも他人のほうがよくわかることがあるという信念を持つことである。そうした教師の開放性、つまり他者に自分を開くことができるということ、そしてその姿勢が、日ごろの教育的コミュニケーションを柔軟にしていくのだと思われる。

生徒は私が教えたいこと伝えたいと思っていることを学ぶのではない、このテーゼを忘れないでいたいものである。

VII

授業の類型化の試み

1――「授業」を一般論で論じることのむずかしさ

授業は学校教育のもっとも基本的な営みであり、形式である。それだけに、その中にふくまれる研究テーマは多く、それらを研究する学問も多面的とならざるをえない。たとえば授業にかかわる研究分野として、教育目標論、教育内容論、教育方法論、授業技術論、カリキュラム論、教育評価論、教育工学、教師―生徒関係論、教育環境論などがすぐ思い浮かぶ。

そのためであろうか、授業研究と名の打たれた研究は、欧米でも遅れ、わが国にもさしたる研究は長く出てこなかった。多様な形態の持つ個性的な意味を論点にせず、しかも授業科目の違いを無視して、授業一般を研究することには相当の無理がある。

筆者が接した授業研究には、授業中の教師の発言や生徒の発言を細かく記録し、それを「質問」や「同意」などなどとカテゴライズして分類し、どのカテゴリーの発言が多いかなどで授業を類型化する、というようなものが多かった。

これも研究には違いなかろうが、授業中の緊張感や一人ひとりの発言の重み、意味作用などをすべて消して、数量化して、いったい何が明らかになるのだろうという思いはいつも残った。また、記録をとるにしても、T・P形式で子どもの個性的な発言を無視し、一人ひとりの生徒の個性が授業という全体の展開のための部分にしか位置づけられなくなるような記録は、記録した人の正当化の役割をはたしているようで、いまいち共感できなかった。

一九八〇年代に入り、エスノメソドジカルな手法で、教師にぴったりはりついて、発言等を細かく記録、フィールドノーツをつくって、のちに丹念に分析していくという研究をする人が出てきたが、これも授業という営みの、ある部分だけを浮きあがらせるだけで、教育内容の正当性の問題などには十分食い込めないうらみがある。

これに対し、授業をもっと臨床的に研究し、その多面性をそのまま討議テーマにしていこうとする研究方法が日本で開発されてきた。

一九六〇年の中期に、斎藤喜博の授業に学ぼうということで、教育学者の稲垣忠彦らが中心になって始めた授業研究がそれである。

授業の現場に出かけ、授業者の授業に参加者があとであれこれコメントする。ときには授業を中断して斎藤が介入授業をするということも行なわれた。理論研究の面では、斎藤の授業論の理論化の試みが多くの論者によって追求された。その試みは〈教授学〉と総称されていた。

ただし、この斎藤＝教授学研究に対しては当初から不満や批判もあったことは記憶されておかねばならない。たとえば斎藤の授業論には教育内容の系統化を研究するというテーマが内在化されていないというような批判がそうである。教育内容論は戦後の「教科」研究の主たる柱であったから、六〇年代に教育内容の「自主編成」がテーマになったとき、その姿勢のあいまいな斎藤の授業実践にそうした不満や批判が向けられたのはある意味で必然的でもあった。

もともと斎藤は授業を教師という職人の、一回限りの芸術的な創作営為ということと近いところで発想する傾向があった。斎藤の授業研究は一回一回のその場での生徒とのやりとり、きびしい緊張関係の中での発問の生き方、生かされ方などをテーマとするもので、教師―生徒双方の予想を超えて展開されていく創造劇になぞらえられるべきものであった。

前回の授業がすばらしかったからといって今回の授業がそうなるわけではない。一回一回が勝負であり、教育の内容の系統性よりも職人的な発問の技術がまず問題なのである。そうした斎藤の授業発想を、教育内容の系統性などという視角から分析することにはもともとなじめないところがあった。

それはともかく、斎藤流の授業研究とそれに対して批判的な流れの授業研究は、戦後日本の広義の授業研究の二つの潮流をつくり出したように思う。斎藤にとっては授業は芸術的＝職人的な技術であり、教育内容は子どもにそれをぶつけて子どもの目が輝くか否かによってその良し悪しが決まるべきものといってよかった。単純化すると、斎藤においては授業技術が主変数で、教育内容は従属変数であった。

それに対して教育内容の科学性や系統性を主張する授業研究（教科研究）においては、授業は「科学的」「系統的」な教育内容をいかに子どものものとして獲得させるかという展開の場であった。

この場合は、教育内容が主変数で授業技術は従属変数となっていたといってよかった。

日教組や全教の教研集会の各分科会での議論の多くは授業実践の検討会といえると思うが、その大部分は上述の分類で言えば後者に属するものであろう。教研集会は、民間のさまざまな教育サークルの中心メンバーが積極的にかかわってつくりあげられていったが、民間サークルの大部分は教育内容（教科）研究をテーマとしていたからである。だから、その膨大な蓄積にもかかわらず、それらは「教科教育」の研究と評価されるべきものであって、それを「授業」の一般理論としてまとめていく努力は十分には進められてこなかった。

しかし、だからといって、そこに斎藤喜博流の授業研究を接ぎ木すれば一般論が生まれるかというと、問題はそんなに単純ではない。はじめに述べたように、授業はそれ自体で閉じられた営みではなく、教育目標や教育内容等さまざまな教育諸力、諸関係、諸作用、諸要因が内外から働く場だからである。斎藤のように一定の教師―生徒関係論を前提にした発問技術の機微的システムとして授業をとらえるだけでは、やはり大事なものが抜けおちてしまう。授業研究は、その意味で、いつまでも一般論として論じることのむずかしい領域だと言えよう。

2 —— 授業の諸類型

授業が一般論として論じられにくいことの背後には、上記の理由以外に、授業にはいくつかの類型が考えられるのに、それらをきちんと区別して論じていないことが挙げられる。算数の授業と社会科の授業では基本的な様式が大きく異なるのは当然であり、それを区別しないで一般論を論じるとなると抽象度が必然的に高くなりすぎる。「授業」を論じるには、「教科」教育より抽象度が高く、授業一般より低い、中間的な類型設立が一定の有効性をもつと考えられる。

そこでここでは、仮説的ではあるが、授業をいくつかに類型化してそれぞれの特質を論じてみようと思う。その際、何を視点として類型化するかがテーマとなるが、それを教育内容におかず、その授業を通じて獲得を期待している能力を軸において考えてみたい。というのは、授業の特質は教育の内容だけでなく、そこで身につけさせたいと思う能力の内容によっても決定されるからである。もちろん目標は内容（対象）によっても規定されている。そして内容は方法に影響を与える。だから正確には〈目標―内容・方法〉をひとつのセットにしたものを視点として授業の類型化を試みることになる。

(1)「リテラシー」の形成のための授業

庶民のための組織だった学校がつくられたとき、どこでもまず身につけることが期待されたのはその社会に最低限必要とされるリテラシー(Ⅳ章参照。ここでは一応「読み書き能力」と訳すが、それに限定されない。その社会の文化を表現するシンボルやシステムへの基礎的接近能力のことと考えてよいと思われる。コンピュータの時代にはコンピュータへの接近能力＝コンピュータ・リテラシーも当然問題になる)であろう。

これは、主に文字や数の操作の訓練という形をとるが、文字や数そのものの内的な規則性は必ずしも自然の中にそのままの形で存在しているわけではない。十進法やかけ算の規則は遊びや生活の中で自然と子どもが発見するものではないし、文字の読み方・書き方も誰かに教わる以外に身につける方法はない。それは主要にはその社会の約束ごとだからである。

そのため、これらを子どもたちに身につけさせるためには教育内容(獲得させたい目標を具体的なもの・ことで表現したもの)を教師の側がまず考え、それを子どもたちの興味をひく、かつ、系統だち順序だった方法で教えていくということが基本的な授業の内容をなさざるをえない。

かつて数教協(数学教育協議会)の遠山啓が生活単元学習を批判し、それが日本の教育界に大きな影響を与えたことがあった。そのとき遠山が主たる批判の対象としたのは、当時の文部省の生活算数であった。屋根の形をみたら三角形になっていたり、台形になっていたりする、云々というような教え方に対して、たとえ基本的な図形といえども、それぞれの形には変換の規則とその体系がある、それを教えないで偶然ばかりとりあげていたら子どもたちにはそのような力しか育たないだろうとしたのだった。

この遠山の生活単元学習批判は、系統学習の重要性を認識していくうえで大きな影響を及ぼしたものであったが、今日考えてみると、やはり算数・数学をモデルとした批判であったことの意味が重要であろう。算数や数学は現実を数や文字というシンボル間の関係として表現したものであるが、たとえば「虚数」ひとつとってみても明らかなように、現実に存在するものを直接に反映させたのではなく、まず、ひとつの矛盾のない、論理的な約束の体系をつくり、その体系がいかなる認識の世界を切り拓くかを考える学問である。先に矛盾のない論理的で体系的な約束をつくる。これを公理系と呼ぶとすると、算数・数学は公理系の学問と言ってよい。

こうした学問の初歩を子どもたちに教えるときは、やはり、この学問の性格にふさわしい教え方をするのがもっとも合理的である。同じように文字の読み書きもひとつの公理系であり、その習得にはそれにふさわしい方法がある。いずれも生活の中の経験をつみ重ねていけばみんながいつのまにか身につけるものではないのである。

リテラシーの習得は、このように、教えるべき内容を順序だて、体系だて、子どもの興味・関心・創意性などを大切にしながら教えていくほかはない。こうした領域の授業ではこれを基本として組み立てられるべきである。

（2）知識集積のための授業

授業の中には、知識をたんねんに伝え獲得させたり、概念を正しく身につけさせたりすることを主要な目標とする類型がある。

たとえば歴史や地理の授業は、元来、自分の生きている時代と社会を縦断的方法と横断的方法（通時的方法、共時的方法）によって認識するためのものと考えられるが、そのために、一定の知識を理解し、記憶することが大切になる。ある事件、できごとが、何を要因として生じ、その結果どうなり、どのような影響が生じたかは、きちんと理解した（わかった）うえで記憶されなければならない。もちろんもっと初歩的な、自分の町の人口が何人ぐらいだとか、主たる産業は何かなどということも覚えておくほうがよいことはいうまでもない。複雑な思考も、そうして記憶された知識（情報）が適宜、動員されてのみ可能だからである。

理科などでも同様のことが言える。雲はどうしてできるかということを理解させるためには（雲の概念が理解されるためといってもよい）、断熱膨張や飽和蒸気圧などという知識が理解されていなければならない。そして、断熱膨張や飽和蒸気圧などということが理解されるためには、そもそも膨張（気体の熱による変化）や水蒸気、蒸発、蒸気圧、分子運動、内部エネルギー等々の知識が理解されていなければならない。

こうして、理科や社会科では、あることがらを理解し、知識として蓄えるに至るまでの知識の系統図のようなものが考えられ、それが順次性・系統性などと表現されてきたのであった。もちろん、そのための方法として、いわゆるトークアンドチョーク方式的な、教師の一方的な説明―発問―応答―説明―板書による授業方式が唯一であるということではない。実験や観察、一定の調査や議論などがそこに組み込まれてもよいが、大切なのはあくまでも知識の正確な理解と定着、記憶のほうである。

ただし、この「系統性」ということをあまりに形式的、機械的に解釈すると、授業は正確には成立しなくなってしまうということは、あらかじめ了解されておくべきであろう。

たとえば、「蒸発」ということひとつだけでもそうであるが、「蒸発」とは厳密にはどのような現象をさすのかということを、現代の科学が理解している水準で小・中学生に納得させることは、おそらく不可能に近いし、教師のほとんどもそうした知識を持っていないだろう。実際に「蒸発」はマイナスの温度条件のもとでも起こっているし、液体で起こっても固体では絶対に起こらないかについて確信めいたことを言える人はあまりいないだろう。

このことひとつを理解するためには、前提とした知識――分子の結合エネルギーや分子構造など――を正確に理解しなければならないし、それをつきつめていくと、現代科学の最先端のことを正しく理解していなければ、「蒸発」も「雲のでき方」もわからないということになる。

ある高校の化学教師は、現在の高校で教えている化学は、厳密にいえば、すべて近似的な説明にすぎず、ほんとうの科学的知識ではないと語ってくれたことがあるが、この事情は高校以下の学校の教科教育すべてにあてはまる。私たちの多くが理解しているのは、「らしい」説明であり、近似的、モデル的説明についてにすぎない。

授業は、したがって、いつでも「単元的」「モデル的」な性格を帯びざるをえないということがここから帰結される。「雲のでき方」という単元（ユニット）をテーマにし、それをその学年で理解できるようなモデル的な説明の仕方を用意して、近似的な理解を促すのである。その近似的なモデル的説明の中にも、順次性、系統性が必要だということにすぎないことは、よくよく理解されておく必要がある。

系統性のもう一つの意味は、たとえば地球環境の問題を深く理解していくのに、どのようなテーマを、どのような視角から学び、どのような知識を蓄積していくことが合理的かというような場面で問題になる。こうした学びの系統性は、次に述べる探究能力の育成の授業の前提となるものであり、きわめて重要な意味をもっている。しかし、これについては、今後、関係者の努力で少しずつ案を洗練していくべきであろう。

このことを目標とする授業は、教科書や順序だてられた教材などを基本的な手がかりとしながら、教師―生徒のやりとり、教師の説明などを主たる方法として成立する。大学での講義もそのジャンルに属するものである。

ただし板倉聖宣らが編み出した仮説実験授業は、この類型とはやや異なると考えられる。「仮説」では知識の定着が必ずしも目標とされておらず、自分で合理的な説明をして見解を創り出したり、相手の意見とのかみ合ったやりとりをして意見を修正していくことなどの訓練が主たる目標となっている。これは、次の第三の類型に近いものと考えてよいと思う。事実「仮説」の授業では、知識の「定着」率は必ずしもよくないという報告もある。たんに「知識」を定着させていくだけなら、今日の受験学習はかなり効率のよいものといえるかもしれない。

(3) 探究能力の育成のための授業

前項で少しふれたように、授業の中には、個々の知識の理解とか定着ということよりも、一定の自覚的な方法を用いてものごとを調べたり、比較したり、合理的な説明を編み出したり、討論したり……というような探究能力そのものの育成を課題とする類型が存在する。

元来、日本の戦後教育史の中では、この探究能力の育成は人気がよくなかった。文部省の言い方では「学び方学習」などと称されたが、個々の知識ではなく、自己学習能力など、自分で学習することのできるような学習能力そのものを育成しようとすることに対して民間側は総じて批判的、否定的であった。

批判的であった理由は主として次の二つであった。①「学び方」の育成そのものを課題とすると、学習の内容の科学性は問われなくなる、②「学ぶ」といっても現状を批判するような学び方はテーマにならない。現状適応的学び方学習にすぎない。

この批判は戦後教育史の一定の文脈においては妥当していたと思われる。しかし、子どもたちは、現代の学問や芸術の到達の基本をすべて学校時代に学ぶことなどとうていできないわけであるから、学校では自分（たち）でテーマをたて、その中に含まれている問いを自分でデータを集めながら解明していくという態度や意欲・能力を育成することは、当然重要な課題となってしかるべきであろう。

もともと近代の教育（学）は、それまでの教育への批判の上に成立したのであるが、近代以前には、一方でカテキズム（教義問答書）のように真理内容が一方的に決められていて、それを疑うことなく内在化するような教育方法があり、他方でラテン語の文法学習のように、すでに実用から遠のいていた文化を頭の訓練として課するような教育の方法が残っていた。前者は実質陶冶、後者は形式陶冶と言ってよいと思われるが、近代の教育はこの双方を否定することの上に築かれてきたのである。教える者の価値観を押しつけることを禁欲するという点では、近代の教育（学）は形式陶冶主義を原則とするといってよいし、実用性を離れた頭の訓練を批判するという点では近代の教育（学）は実質陶冶を重視するといってよいと思われる。

学力の形成をどちらの原則で考えるかは微妙であるが、もし形式陶冶主義を重視するならば、教えるべき（学ぶべき）内容的価値よりも、その内容となっている文化を内在化しうる精神の形式の獲得＝形式陶冶のほうが大切だということになろう。

　現在は、一九六〇年代末の大学紛争や公害反対運動などを通じて、そして何よりも深刻化する環境問題を介して、科学や学問全体の相対化が生じている。科学だから正しいというのではなく、科学も知的活動のひとつの、ただし重要な、方法であるにすぎないという認識が広がっている。したがって教師が、たとえばこれこれの概念を身につけることがあなた方にとって必要と考えて教えても、それが結果として一定の知識観や学問観、文化観を生徒に押しつけることになるのだとしたら（これは実質陶冶に近い）、そうした教え方は近代の教育原則にふさわしくないということになるだろう。とすれば、どのような結論をこそ身につけるべきかということはできるだけ生徒自身の判断に委ね、学校では知識を自分で身につける方法的能力の育成に教育の重点をおくべきだということに、少なくとも論理的にはなるはずである。


探究する能力の育成が重視されるようになってきていることの背後には、もうひとつ、社会の情報伝達メディアの著しい発展という状況の変化がある。

　周知のように、今日の文化はテレビ・ビデオのすさまじい発展というだけでなく、マンガメディア、雑誌メディアなどが縦横に発展し、かつ、コンピュータによる情報伝達システムが家庭の中にも入り込もうとするなど、「情報化」というにふさわしい変容ぶりである。この変容はおそらくあともどりすることはないと思われる。子どもたちは、こうしたメディアからふり注がれる情報のつくりだす環境の中で生きているわけであるが、必要な情報を手に入れるという点に関するかぎり、これらのメディアをうまく活用しさえすれば、学校で援業を通じなくともすむ時代である。学校の必要性はその点からも相対化されており、学校の任務はそうした状況にふさわしく組み立て直されねばならなくなっている。それはともかく、そうした時代には逆に子どもたちは情報操作におどらされやすく、またあることがらがなぜそういえるのかという問いを抜いて情報が届けられるので、〈知〉の手応え（主体性）は逆に希薄になる可能性があることが問題となる。とすれば情報に操作されてしまう人間になってしまうことが問題となる。

そこで、今後の教育においては、情報を受動的に消費する人間を育てるのではなく、苦労して情報を産み出す能力をもった人間を育成することが大切になる。それを探究能力の育成と言いたいのだが、これは情報化時代のいわゆる情報選択能力とは異なっている。

地球時代の市民としてまっとうに人類の抱えている諸問題に関心をもち、そこに問いを見い出して、自分（たち）でその問いに解をもたらす努力をする能力を育成することである。これは知識の理解、記憶とはやはり重点が異なる教育（授業）を必要とする。

もうひとつ「国際化」といわれる時代がくることも探究能力の育成を課題化させている。二一世紀は地球的規模で人びとがより濃密に関係し合う時代になると想像されるが、そうなればなるほど、局地的な解決では問題が解決されないことが多くなる。つまり、ここしばらく人類はまだ解の見つかっていないさまざまな問いを考えることを共通に課題として自覚しなければならない時代が続くと考えてよく、それは子どもたちにもすでに意識されているということである。正解のない問いへの探究能力の育成が課題となっているといってもよいが、ここでも探究能力の育成がテーマとなってくる。

探究能力の育成ということですでに試みられている実践には大きく言って二つのタイプがある。ひとつは「方法的な探究能力の育成」と呼んでよいものである。これは、あるテーマ（問題）が設定されたとき、どのように調べていけば、誰もが納得できる客観性のあるデータが得られるかを考えさせたり発見させたりする訓練をするものである。水が外でできる条件を調べようとすれば、バケツの水を多くしても少なくしてもできるか、どこにバケツをおいておいてもできるか、塩水や砂糖水や色のついた水でもできるか、ガラスコップでもできるか……等々を比べ調べることが必要になる。それを子どもたちに考えさせ、実際に確かめさせるというようなことである。こうした探究方法の訓練は、科学方法論の初歩的な訓練と言ってよいものだが、それ自体、訓練しなければ身につかないものである。

もうひとつは討議能力の育成である。認識の真理性は一人の主観では保証されず、必ず二人以上の主観が必要とされる。そもそも思考とは頭の中で自分の中のもう一人の自分と相談するようなものであり、人間の認識には他者とのやりとりが不可欠なのである。そのための有力な方法が討議であるが、討議能力は自然発生的に身につくものではない。自分の考えをまとめ、相手の主張にかみ合わせて表現し、わかったこととわかっていないことや、一致したことと一致していないことをきちんと分けて話し合いを進めなければならない。これは相当高度な能力であり、きちんと訓練しなければ身につかないものである。

討議にはディスカッション（集団討議）以外にグループディスカッションやディベート（集団論争）、プレゼンテーション（意見発表）への質疑応答などいくつかの形態があるが、いずれもその能力は発達させられねばならないものである。またディベートは、自分の考えと異なる考えを擁護しなければならないときもあることから、自己を相対化する力を育てる面がある。それぞれの特質に応じた能力の育成が期待されるが、その分析は日本では十分行なわれていない。先の仮説実験授業や全生研（全国生活指導研究協議会）の「討議づくり」なども討議による探究方法の獲得という面から分析される必要があるように思う。

こうした二つのタイプ以外にも、子どもたちの探究能力を育てていく授業は、今後多様に展開されていくだろうと予想される。

ことわるまでもないが、Ⅲ章で述べた総合学習は、このジャンルに分類される重要な教育タイプである。この分野の実践の蓄積が少ないだけに、総合学習は重視されなくてはならないと思う。

なお、（2）の項でも述べたが、この（3）の授業は、探究能力の育成自体をテーマにしているが、その内容や学びの順次性についてはどうでもよいということではないことはくれぐれも注意したい。（2）の系統的な知識集約型の授業では十分身につかないが、今後の社会が必要な知的、情的能力の育成のために、もうひとつの授業類型が必要になっているということを強調しているにすぎない。扱われるべきテーマは、地球環境の問題や地域の生活・文化にかかわるテーマ等、多様であってよいが、それらは子どもたちの生活認識や生きる上でもつ問いを深め、地球市民として成長していくことを支えるものをじょうずに選んで教材化されたものであるべきことは、何度もくり返しておきたい。

（4）真性の文化体験を目標とする授業

これまで授業は、子どもの中に学力として測定される何ものかを残していくことを基本目標にすることが多かった。結果が大切であるという意味で結果主義の授業が多かったと言えよう。結果主義ということは、裏からみれば、授業を、何らかの、本ものの体験をする場、すぐれた体験そのものを目標とする場、とはあまり考えてこなかったということをあらわしている。

子どもたちを取り巻いている環境には、今日、「情報環境」といってよい、厚い環境層がある。本ものではなく、本ものについての情報、コピーが無限に届けられている。子どもたちは、そうした環境の中で生活しているために、情報をたやすく手に入れるが、その情報のもとにあるオリジナル、すなわち本ものそのものになかなか触れられない。これが今日の子どもの生のリアリティーの希薄さのひとつの原因になっている。別の言い方をすれば、まがいものに取り囲まれているのが今日の子どもたちである。

近代の学校は、もともと職人や農民のコツ、ワザ、カンといった身体化された伝達困難な知の世界から離れ、文字や数という客観的なシンボルで表現され伝えられる知の世界を教育の内容として組織しようとするところから始まった。これは知識の伝達を効率化し、平等化するという点できわめて大きな前進を実現したが、逆に、教育の場で本もの（ものごとそのもの）に触れることが原理的に不可能になり、それについての記号を操作するだけでわかったつもりになる可能性が高まった。

教育の歴史の中で、「生活」を重視すること（そのかぎり直接的認識という性格をもつ）、経験を大切にすることなどがくり返し主張されてきたのは、元来、近代教育が抱えている認識上の間接性、記号性を克服しようとする意図からであった。

今日、情報伝達システムがかつてなく稠密になり、表面的な情報や手っとり早い文化はかんたんに手に入る時代になったということを考慮するならば、この近代教育批判のテーゼはもう一歩発展させられなければならなくなっているといえるだろう。それがここでいう本もの（真性）の文化体験である。

ここで本ものというのは、（ものについての情報）ではなく〈ものそのもの〉をさしており、また II 章で述べたように、自然そのものに根ざし、身体性を伴い、協働性を契機とした活動及び産物で、その文化の可能なかぎり高いレベルの到達をさしている。たとえば各々の文化（学問、芸術、文化創造など）活動の最先端の仕事をしている人から学んだり、最先端のものに触れるとか、（3）で述べた探究の能力をきたえるという際に、正当な科学方法論を子どもなりにたんねんにたどるとか、あるいは学ぶことが何らかの形での価値創造につながるような学び方を体験するとか、などがそれにあたろう。手っとり早い文化、コピー文化がまん延しているからこそ、学校（授業）は本ものの文化体験を組織する場にならないと教育生命が保てなくなるということである。

以上、〈目標―内容・方法〉の枠組をもとに四つの類型をさしあたって考えてみた。すぐに気づかれるように、この分け方はまだ便宜的で、多くの重なりが考えられる。（2）と（3）と（4）は同時にひとつの授業で追求できるし、（1）と（4）も同時に追求できるなど。その意味でこの四つの類型は、さしあたり四つの授業目標と考えてもよいと思われる。

また、この分類は教科別に対応していないことはいうまでもない。国語の授業に（1）のときもあれば（2）のときもあり、（3）もあれば（4）のときもあるのである。

3――四つの類型から授業実践をみる

昨今、新しく展開されている、社会の諸問題についての解を求めて共同で探究するような授業、たとえば地球環境問題、外国人労働力の導入についての賛否、男女別姓についての賛否など、解のあらかじめ決まっていない、しかし見解をきちんともったほうがよいテーマに探究的にせまっていくような授業（調査、発表、ディベートなどの組み合わせ）は第（3）類型に含まれると考えておきたい。というのは、こうした授業は、既成の考え方を伝え、知識を理解し覚えておくという第（2）類型とは異なり、探究する実際の体験を通じて子どもたちの精神に探究することのおもしろさを感得させ、探究する際の方法論の吟味能力、その結果をまとめる能力、それを発表する能力などを育てることのほうが主たる目標だと考えられるからである。今はこれを総合学習という枠の中で追求することが試みられるべきであろう。

こうした授業では探究能力そのものの育成が重要なテーマ、目標となっているが、だからといって探究する素材は何でもよいということにはならない。現代社会の中で生じている諸問題の中で子どもたちが深く興味・関心を抱いている問題で、かつ、具体的に探究の手立てが考えられるものが選ばれるべきであろう。その意味で、（3）の類型の授業では、教師と生徒との探究テーマをめぐる真剣な追求自体がテーマ化されざるをえず、その点で生徒の自治能力のイメージが拡張されねばならない。何を自分たちは探究すべきかを選び、決定する能力そのものを育てていくのである。

すでに発表されている（3）類型のすぐれた授業実践の多くは、子どもたちと教師の真剣な課題探究の過程が必然的に価値ある教育（学習）内容を選ばせているように思う。

また（4）の授業は、教師自身が学校の外で得た真性の文化体験を学校にも持ち込もうという情熱がそれを支えるであろう。外国人にふれ外国の文化をもっと知りたいと教師自身が感じれば、授業に実際に外国人に来てもらおうという発想が生まれる。Ⅲ章でふれたように、ＮＧＯの組織に参加して環境問題での真剣な討議にふれたとき、そのテーマを授業でも追求してみたいと思うようになる。その意味で、（4）の類型は、学校の外と内を「文化」を媒介項としてつなぐ役割をはたすだろう。

たとえば仲本正夫の「数学大きらい」の実践は（1）、（2）、（4）の類型であり、必ずしも（3）だとは考えていない。したがって、そこに（3）的効果の欠如を指摘することはしなくともよいと考えている。数学という学問の性格上、（3）的な体験を組織することはそれほどたやすいことではないと考えられるからである。

鈴木正気の『川口港から外港へ』（草土文化、一九七八年）はその点で（1）、（3）、（4）を合わせて追求したもの、最近では今泉博の『どの子も発言したくなる授業』（学陽書房、一九九四年）は主として（3）、（4）、また外山不可止の『子どもと学ぶ日本のコメづくり』（地歴社、一九九四年）も（3）、（4）の典型例と考えられよう。

話を戻すが、いずれにしても、二一世紀の授業実践を構想する際に、こうした類型化を試みておくことは意味があると思われる。

この類型化は、これまでのような教科枠によって授業内容を決定するというのではなく、「身につけさせたいと思っている能力」の類型によって授業の内容を分類しようとするものである。教科枠による類型化は、現行の教科の大部分が、人類が蓄えてきた知的、芸術的遺産の分類にそって構成されていることにみられるように、学問、芸術がトップダウン方式で学校に降りてきてつくられているものである。この類型化が授業内容を決定するうえではたす役割が、今後は減るということではない。教育内容を決定するのは、（1）～（4）を通じて学問、芸術など、総じて文化といわれるものであることは変わることはない。ただその原理だけで、授業の内容や形式を決めないほうがよいということである。

実際のカリキュラムの構成は、それゆえ、こうした二つの類型化をタテ軸とヨコ軸に組み合わせたマトリックス形式によって整理し、検討していくことになるだろう。

たとえばリテラシーの形成というタテ軸の目標類型に対して、ヨコ軸では、「話しことば文化」「文字文化」「コンピュータ文化」「映像文化」等々の文化項目（メディア）が並び、そこでクロスしたそれぞれのところで授業内容がフレームアップされていく、という構造である。こうした試みをぜひ学校ごとに追求してほしいと思う。

またこうした形の授業を対象とした授業研究は、ビデオなどの機器で記録したものをもとに、集団でそれを検討する臨床的な方法によるのが、さしあたりもっとも合理的だと思われる。実践の多面性、豊かさを分析の場面で失わず、かつそこから一定の理論を抽出してくるには、集団臨床的方法がもっとも適応的だと思われるからである。それが学校ごとに、あるいはテーマにそって地域ごとに、日常化していけば、新しい授業イメージは大胆さと緻密さを伴いながら発展していくだろう。校長、教育委員会の配慮がとりわけ期待される。

Ⅷ

〈学び〉の授業のさまざまな可能性

一九九〇年代以降、授業実践に新たな個性が多く生みだされるようになってきたように思われる。

筆者は一九九七年にシリーズ『教室から学びへの授業に』の一冊として『これからの小学校教師』(大月書店) という巻を近藤邦夫といっしょに編集した。そのとき、五人の (実際には六人だがうち二人は同じクラス担当) 小学校教師に、それぞれが授業への模索の中で行きついてきた地平について実践を紹介しつつ書いてもらった。

以下の文章は、その六人の実践者の文章に対して、筆者なりにコメントしたものである。

読者の便宜のために多少手を加えたところがあるが、筆者の素直な感想である。実践者の文章そのものは、もとの本を読んでほしい。

1――〈あそび〉と〈学び〉の同一性の追求――岩辺実践

岩辺泰吏先生は、八〇年代に親の願いが通りやすい学校づくりを追求して、一つの典型をつくったが、その過程で子どもたちが楽しく、生きいきと学ぶ教室づくりをめざして、さらに大胆な挑戦をくり返していった。そこでたどりついたのが「アニマシオン」という実践の方法である。その神髄のようなものが岩辺報告ににじみ出ている。

岩辺実践は、子どものありのままをすべて受け入れる教室づくりということから授業をとらえ直そうとしている。

「いつもせかされている自分、いつも満足させられていない自分、不十分な自分を確認させられる。教室も同じようになっていないだろうか。一人で本を読んだり、絵を描いていたい時もある。二人で、三人でたわいなくおしゃべりしていたい時もある。何となく先生のそばにいたい時もある。そういうすべてが受け入れられる教室であるだろうか」

これが岩辺先生の問いであり課題である。これに対して岩辺先生は基本的に三つの道からアプローチする。一つは教室の中にユーモア、笑いなど〈楽しさ〉の要素をたくさん増やしていこうとすること。二つ目は授業に取り上げる教材として、子どもたちの生活の実感に根を下ろした、日常の中に潜む真実を表現しているものを重視すること。三つ目に、子どもたちの表現活動とその成果をあらゆる過程で大事にすること。この三つである。

〈楽しさ〉は、日常の雰囲気もそうだが、とりわけ授業を組み立てていく方法に表われている。遊びの要素を徹底的に取り入れていくその手法はみごとである。『ファンタジーの文法』（筑摩書房、一九七八年）著者のジャンニ・ロダーリと似た手法がそこに感じられる。遊びは、そもそも連歌や歌合などにみられるように、言語芸術の方法であった。詩にしても俳句にしても芯の部分はまじめな、形式を重視した言語表現である。しかし、それを〈形〉にまで持っていく過程が四角四面の精神によっていれば、かえって作品は生まれないし、生まれても生きてこない。精神に遊びという一種のゆとりがあるから、生きいきした、余韻のある作品ができあがる。岩辺実践は、教室という場を生徒たちの共同製作の場に仕立て上げようとしているが、それは〈楽しさ〉の中で精神の発酵を促しあう一種の言葉の共同体づくりにも似ている。

別の言い方をすると、岩辺実践の中には、あそびと学びの同一性への追求があるといえる。連歌や歌づくりは、そもそも〈あそび〉である。しかし、そのあそびは、厳密なルールにのっとり、真剣勝負で他者に作品をさし出すことでつくられるあそびである。幼児のごっこあそびがルールを真剣に守ることによってしかあそびにならないのと同じような事情が歌づくりにもある。それが結果として「学び」のプロセスとなっていく。〈学び〉とはもともと〈あそび〉であるべきだという氏の思想がにじみ出ているといえる。

詩の朗読という試みも、岩辺実践では必然的に生まれたものである。朗読は身体的な言語活動であるが、誰に向かって、何の触れあいを目指して行なうのか、ということがそこで密かに問われる。子どもたちは最初、恥ずかしいから、自分に向かって声を上げる。ほかの子どもたちにはその限りかすかにしか響いてこない。しかし、他の友の興味のまなざしを受ける中で、やがてそのまなざしに向かって声を届けようとするようになってくる。そのとき子どもたちには誰それの読んだ詩がもっと聞こえてきたと感じ、朗読した方はかすかな自我の変容を体験する。こうしたことの繰り返しの中で、声を上げ、みんなに身体をひらき、声が触れあうように読み聴くことが、作品の意味把握を助け、楽しいことだと感じるようになっていく。この楽しさ感覚は、一人ではないという感覚と通じているもののはずである。つまり、作品が身体を通じて自分に返ってきて共鳴する楽しさと、それを共有している人間がいるということを肌で感じる楽しさである。「私は、三年生の思い出でいちばん楽しかったのは、詩の発表です」というみきさんの感想は、けだし大げさではない。表現が人間を変える。人間は、その人その人に固有の表現世界を持ち得るはずで、それができてようやく個性ということが意味を持つのだということである。

岩辺実践は、〈楽しさ〉を軸に、気長に待ちながら、表現することの楽しさを感得してもらおうとして成立しているが、それはすべて岩辺先生自身の現在の生きざまそのものであるように思う。楽しさ＝あそびが個性的なそれぞれの子どもに体験され、それが学びとして成果していく、そういう生き方を自らもめざしているかのようである。洒脱といえようか。無理がない。無理のない実践の中でのみ子どもは自由になる。

2――教育の土台を〈生活〉におく――田中実践

田中仁一郎先生。田中実践は、教育のキーワードに〈生活〉を置き直そうとしたものといえる。もともと、教育の土台を巡って、日本の教育実践史には何度も〈生活〉という語が登場したことがある。たとえば〈生活台〉〈生活教育〉〈生活と教育の結合〉等々。ここで教育の土台といっているのは、教育を発想するときに、何をもっとも土台にして考えているかということである。教育の目標を考えるとき、あるいは教育の内容を考えるとき、さらには教育の方法、教育の成果の評価等々を考えるときに、真っ先に何が頭に浮かぶかということである。

田中先生はかつてはそれは教科書（つまり科学や芸術）であったり同僚や親の評価であったりしたと明言している。まじめな教師がもっとも土台として選びやすいものといってよいだろう。しかし田中先生は、そうして展開している授業に何かしっくりしないものを感じ続けてきた。要するに一方通行の授業ばかりであり、土俵を設定するのも、そこで相撲をとるのも、行司をやるのも全部自分であるということに気づいたという。

こうして田中先生はそれまでと異なる原理の授業を模索しはじめ、出合ったのがセレスタン・フレネの教育であった。そこには教育の土台を〈生活〉におくことが徹底されていたのである。フレネの教育は、子どもたちは、自分たちの教室を能動的な活動の場にしたがっている、学習材料だって、学習成果の発表の手段だって、みんな自分たちの手仕事で作りたがっているのだという子ども観がある。そして、どういう場が自分たちにとって学びやすい（生活しやすい）場か、どういうことを自分たちは学びたいのか、等々を自己決定する力を持っているし、その成果を自分たちで発表したがっている、と考えている。

〈生活〉とはフレネにとって、子どもたちの能動的活動、手仕事と創作、共同討議、表現と発表、等々と同義であって、それは学校（学級）だからこそできるもの（〈生活〉）なのである。

田中実践を読む者は、田中学級の子どもたちが、学級という生活の場で、どうすればその〈生活〉を豊かにできるのか、主人公になって懸命に考え模索している姿を読みとることができる。ここでは子どもたちは学級経営の主なのであり、学級の環境、授業のあり方などについても、アイデアを出し、討議し、工夫し、改善し……と、任されているのである。任されるから生徒に自ずと規律が自覚される。そこに混乱や無秩序はない。生徒たちは自分たちで秩序を創造する力を持っていることをみごとに実証している。

田中実践に登場する作文は、一方で学級が子どもたちの自由で自在なコミュニケーションの場になることをめざし、他方で、それが他の地域の学級とのコミュニケーションの場ともなることをめざして、その有機的なメディアとして位置づけられている。これは生活綴り方がめざしてきたものと半分以上重なり合っている。子どもたちの〈生活〉とは、彼らのあらゆる生活の中で生じた疑問やそこでの感情の交換の場であり、友だちとより深くかかわり合う場のことである。また、子どもが持っている当然の好奇心、たとえば遠くの子どもたちはどんなふうに暮らしているのか、などということをみんなで問いにして、その好奇心を満足するために情報を発信する場でもある。その意味で田中実践もまた子どもの〈表現〉を、彼らの協働性、知性、自我等が育つ場であり、きっかけであり、チャンスであるととらえられていることが理解されよう。田中学級を一度訪れてみるがよい。そこには、子どもたちが表現し、創造した手作りの教材などがたくさん並べられている。手作りの子どもたちの創作童話もある。田中先生は、こうした教室づくりを、やはり気負いなく実践している。その気負いのなさが、子どもたちの自由感覚を育て、多様な表現を生み出している条件になっている。気負いはプレッシャーを与えることなのだということが田中教室に行くとよくわかる。

3――「探偵団」で新たな知的活動のスタイル――佐藤実践

佐藤広也先生は、北海道の経済的に厳しい状況の町で子どもたちと格闘するところから出発した。ユーモアいっぱいのその発想は、やがて探究的な活動のおもしろさを子どもたちに精一杯体験させてやりたいという願いにつながり、「ホーソーカ探偵団」をクラスに組織するというユニークな実践に結実する。地域や学校の中に問いや課題を見つけだし、クラスに持ち帰って報告し、その中から共同で探究すべきものを決めていく。こうしてホーソーカ探偵団のメンバーが探偵を始めていく……。

佐藤先生の実践は、日常見えているものさりげないものの背後にときにはとてつもない大きな問いが隠されているということ、より一般的にいえば、見ることと見えることとは本質的に違うのだということ、その間隙を埋めるために探求することが、実におもしろいことなのだということを子どもたちに体得させるというものといえる。

もともと知るということは、しっかり観察するというところから始まるものである。古今東西、すぐれた知の体験を残した人は、みなしっかり観察するところからその知的活動を出発させている。ピラミッドのすぐれた技術だって、天体観察からの知見と測量技術の合作である。藤原定家は毎晩観察した星のことを細かに書いていて、それが今日でも天文学者に役立っているという。ガリレオもそうであった。すべてをシンプルな数で表せると信じたガリレオも日常的にはしっかりした観察者であった。デカルトの家を訪れたある人は、彼が書斎で牛を解剖していたのを見て驚いたと書いている。杉田玄白もしかり。ファーブルもしかり。しっかりと見ることから知的活動は始まる。島崎藤村はスケッチブックを持って千曲川河畔にたたずみ、絵筆でなくペンと言葉で写生した。

しっかり見ると、何気なく見えていたものの中に疑問が生じる。これが大事であろう。そうなると、観察するテーマができて、よりしっかり見えるようになる。こうして発見が起こる。

佐藤学級の子どもたちは、家の冷蔵庫から、学校の近所のおばさんの家から、道ばたのゴミ箱から、そうした発見を持ちよってクラスに集まってくる。そこで自分の発見した問題を報告しあい、共通のテーマを探る。決まったらあとは本格的な探偵である。探ってきたことを自由に書いて発表したり、討論したりする。クラスに多人数がいるということは、多くの意見が吟味されつなぎ合わされていく可能性を示している。つなげさえすれば子どもたちは、他者をくぐって自分を豊かにする。クラスの中にいて教師に指示されたことを一定の時間内で解くということだけが学びではないこと、学びというのはもっと能動的で、楽しい、それでいて失敗の連続の、緊張感のある謎解きなのだということを、佐藤先生のクラスの子どもたちは身体で感じとっていく。

他方で、佐藤実践は、子どもたちにものについての情報を知らせるのでなく、ものそのものに接し、そこから意味を抽出してくる過程をたどらせようとしているともいえる。ものそのものは元来無意味である。無意味であるということは意味の無限の潜在的多様性を示しているが、その無意味と接したとき、すなわちものそのものと人間に関係性、相互関係ができたとき、意味が発生する。その意味は子どもの主観があふれた、社会的意味に昇華する前の「原意味」とでもいえるものである。そこには子どもの詩心がにじみ込んでいる。それがクラスに持ち込まれ協同吟味の過程を経てより客観的意味へと昇華されるわけであるが、それでも、出来合いのものとして与えられた意味とは違って、そこに子どもの真実が込められている。

この過程で子どもたちは、「知」的であるとは、知識を積み上げていくという量的なイメージでとらえられるものではなく、自分で意味を豊かにしていく、自分の文脈を作っていく、創作的・活動的なイメージでとらえるべきものであることを学んでいく。その意味で佐藤実践は科学と詩の接点を探るものといえるかもしれない。

佐藤実践への懸念、不安は、子どもたちの探偵のレベルが低かった場合のフォローに集中するのではなかろうか。その点は佐藤先生自身自覚的で、指導は、探偵ならざる探偵をしてきた子どもたちに、疑う視点、発見するコツなどを示唆して、できるだけ探偵を自覚的な科学方法論に近づけるということの中に発揮されている。観察から始まり、疑問、観察、報告、議論、再観察、報告、議論……と続く知的活動の中で、自覚的な思考方法、探求方法、知的能動性などを獲得させているわけである。

もちろん教育であるから、教師の側から考えてほしい問題を持ち出すこともある。それを子どもたちがまた探偵してくる。だから、教材や教育内容は生徒たちと教師の接点で決まっていき、教育目標は学びの展開過程で決まっていく。それを仕掛け、待ち、励ます、そこに探偵教育の醍醐味がある。したがって探偵論は教師論でもあり、学校論でもあり、方法論でもあるということになる。

しかしそれでも、佐藤実践の経験主義への拝跪への懸念は残るだろう。実は佐藤先生は、クラスで協同吟味するときに、子どもたちの認識内容については、科学の成果や芸術の到達の視点から、比較的厳しく接している。子どもたちが動き、発見してくればくるほど、その中身を厳密に吟味しないといけなくなる。そうでないと佐藤先生も書いているように、探偵は知的遊びで終わってしまう。本当のことを知りたいから探偵する、しかし探偵の結果が正しいか否かには厳しい吟味が必要なのだ。このことについては授業で感得させるように厳しく働きかけている。佐藤実践にとって、この構図は崩れてはいけないのである。そのため佐藤先生は、たとえば俳句の勉強を怠らず、片っ端から関連書を勉強している。しかしそれをそのまま出すのでなく、子どもたち自身の吟味過程に必要と思ったら示唆したり提案するという形で、あくまでも一歩下がったところから厳しさを要求している。その想いは、佐藤先生の実践記録を読むわれわれの一定の緊張感の伏線になっているように思う。

4――ひとつのテーマを一年間かけて学ぶ――高宮・渡辺実践

高宮淑、渡辺克哉両先生は、小学校のいわゆる特殊学級といわれるクラスの担任である。障害を持った子どもたちと、テーマを限定した執ような学びを、ねばり強く、生きいきと展開していく。ここではゴリラという動物への子どもたちの興味をベースに、一年間、ゴリラについてのさまざまな学習をくり返していく様が描かれている。おそらく、この「自分ってなんだ」という実践記録を読んだ人は、きっと「これが障害児学級？」という疑問を抱くはずである。

障害児学級のカリキュラムがどの程度研究されているのか、寡聞にして知らないが、以前養護学級に通って先生方といっしょに勉強をしていたときには、現実への適応教育が主流で、それに反発する新しい流れを創り出そうと先生方が奮闘していたのはよく覚えている。しかしこのときもこの高宮・渡辺先生のような実践にはお目にかかれなかった。おそらく障害児クラスの実践としてはユニークで新しさを持ったものではないかと思うと同時に、普通学級にも応用できる視点が豊かにちりばめられている内容を持ったものといえるように思う。

高宮・渡辺実践の特徴や精神は一言で言うと、小さな穴からでもそこからしっかりのぞくとすべてが見えてくる、とでもいえよう。毎年子どもたちと相談しながらテーマを一つに絞り、それを一年間かけて追求する。キーワードは毎年一つなのである。そうすることで、バラバラで子どもたちの頭の中でつながっているとは限らない知識を与え続けるという、教師子ども双方の苦痛から教育を解放しようとしているのである。

子どもたちは一年間同じテーマを考えたり学び続けるので、学んだことがすべて脈絡を持ってつながっていく。しかもかつてある角度から学んだことが、後で別の角度から学ぶと、前に学んだことがより深くわかるというようなことを体験する。これは学びということを興味深く感じるきっかけになっていることは間違いない。いわゆるハハーン体験である。学びを多層化して、繰り返しの中でつながりをそれぞれの子どもの頭の中で作らせ、そのつながっていく体験を楽しませる。障害を持った子に、学ぶことの喜びを体験させるのに、これほどおもしろい方法はあるだろうかと感じたのはきっと私だけではあるまい。

しかも、一つの窓口からじっくりと一つの問題を学び続けていくと、やがてその窓口の問題が世の中のさまざまな問題とつながっていることがわかってくる。高宮・渡辺学級の子どもたちもゴリラというキーワードを窓口に、野生と人工飼育、環境と人間などという人類が抱えている深刻な問題にたどり着いていく。さらに人間が他の動物の生命を殺して生きているという問題をどう考えたらよいのかという問題に行き着く。そこでどのように心の世界が広がり深まったのか、実践記録だけではわからない部分が多いが、きわめて現代的な悩みを共有しながら子どもたちが悩んでいるようすは目に浮かんでくる。

どのような問題でも、根っこをたどっていくと同じ質の問題に行き着くというのは、教育的認識の問題を考えるのにとても重要なことであろう。この原理を重視すれば、あれこれ教えなくとも一つの問題にこだわれば、子どもたちの認識は普遍的な方向に向かうものだということが帰結されるからである。今日、教育内容の「厳選」がうたわれている中で、その原理をどうするのかということのヒントがここにでているように思う。

こうした「こだわりの教育」は一般にも、たとえばシュタイナー教育の中で重要原理として重視されてきたものである。シュタイナー学校では何ヵ月間も同じ科目を集中して行なうというエポック授業が重視されている。それが終わったら別のテーマに移っていく。その際、この間勉強したことは忘れなさいというのはシュタイナー独特であるが、おそらく知識よりも感性をより重視するからであろう。それはともかく、高宮・渡辺実践は、学校では、学ぶことを少なくテーマ化し、それを窓口にしてより大きな問題に関心を発展させ、学ぶということの大事さとおもしろさを体験するとともに、その過程と相即して知性の教育を行なうという原理があるのではないかという一般的な問題提起として受け取ることができるだろう。もちろん障害児クラスの実践例としてきわめて貴重なものであることはいうまでもない。また各学校で障害児学級と普通学級の交流が大切であることを示唆させる実践である。

5――劇を教育の手法に取り入れる――村山実践

村山誠子先生の実践は、演劇という手法の今日の教育実践においてもっている意味を多様に考えさせてくれるものである。

今日の学校教育のルートにはいくつかのものがある。教室で同じ方向に机を並べ、先生の話を聞くというのは、紛れもなくヨーロッパで発達したキリスト教教会でのミサの形がモデルである。日本の寺子屋はあのような配置をしなかったし、学び方ももっと個々人の都合を重視したものであった。ずっとさかのぼれば、古代ギリシャでは、語り部（アオイドス、のちにラプソドス）が英雄叙事詩などを語るのを子どもたちが集まって聴くことが有力な民族の教育の方法であった。その後文字が普及すると、テキストができ、それが多様化してくる。その中でギリシャ悲劇が生まれ、それを観劇することが教育の方法になっていく。くわしくは省略するが、ともかく教育には演劇が密接に関係していたということがここでは大事である。

もともと学校というところは、世俗世界を離れた非現実的な側面を持っていることを本質としている。そこではどのような出自の人間も対等につき合えるから、豊かな人間形成が可能となるのである。学校は現実をある面で隠し、囲われた舞台となってその中で演じあうことによって育てるという面を持っている。これは、人間の形成が、現実の生の生活の中で行なわれるだけでなく、自分と異なるある役割を演じるときに、その役割の中に含まれている別の人間性と対峙して自分を客観視したり、自分を脱皮したりする練習を知る中でも遂行されるからである。教室の日頃の授業ではこれは難しい。子どもたちは確かに優等生や劣等生を演じているが、そこで育つものは限られている。マイナスの影響が結果することも多い。学校の虚構性を活用するのなら、よいシナリオがやはり必要なのである。

シナリオのよさは二つの面を持っている。一つは演じようとする内容が時宜にかなっているということ、もう一つはシナリオの内容が子どもたちをじょうずに脱皮させていくものとなっていることである。時宜にかなっているというのは、時代状況の中で、子どもたちも観る者も共通に興味を持ちうる内容であること、そして時代の問題を深くとらえようとしているものであること、などである。

村山実践は、阪神大震災で被災し、今なお仮設住宅に住むことを強いられている主に老人たちに、三年生の子どもたちが「三年とうげ」という作品をシナリオ化して演じたものである。その過程はくわしく叙述されていないので、紆余曲折はわからないが、村山先生の提起が子どもたちに支持されてのことであったことは疑いない。おそらく作品が、子どもたちの心の要求とかみ合ったのだろう。

ところで現代の子どもたちは、同じ神戸の小学生殺害事件にみられるように、自我の周りに何重ものバリヤーをかぶせてしまって、他者との深い交流をおそれるようになってしまっているような状況にまで追いつめられている。誰しも心の深いところで自分らしい自分を探したいと願っているのに、現実の社会の強い大人のまなざしの中では絶対にかなわないと感じていて、できるだけ自分を出さないようにすることが知恵だと思っているような状況がある。ボランティア的な活動だってもっとやりたいと思っているもう一人の自分がいることを知っている。しかし、かっこいいことを言うといじめが待っていると感じさせられる環境の中では、そうした本音は出してはいけないものになってしまう。そこで現実の文脈と異なった文脈を設定してみたらどうだろうかという試みをしたのが村山実践であった。

結果は予想以上で、子どもたちは現実とは異なる状況の中で、役と自分の二人を、もっと厳密に言うと、役と、自分の中の外向けの自分と、心の中に隠れている自分の三人の間を行きつ戻りつしながら、おそらくぎこちなさを伴って自分を表現し直した。聴衆の温かい励ましに自分を勇気づけているだけでなく、そこで小さな自分崩し＝自分づくりを体験している様子が目に浮かぶようではないか。

演劇は、一般には正規の教育方法と考えられていないが、実は多様な可能性を持っている。そこに着目した村山先生の着眼と、神戸の現実と、作品の良さとそして子どもの表現と自己改造への希求、これらがすべて合体したところに今回の実践が生まれたように思われる。今日において、劇を教育の手法に取り入れることは、地域と学校との関係を作り直すだけでなく、実に多様な可能性を有していることを示唆させてくれる実践だといえよう。

以上、六人の実践報告への簡略なコメントである。

私としては、授業というのは、実にバリエーション豊かな、可能性の無限の深さを含んだ場である、という実感がわいたというのが全体を通じた感想であった。また六人が六人とも、教師よりも生徒たち自身の表現ということをことのほか大切にしていたこと。そしてその表現を通じた生徒たちのかかわりあい、交わりあい、支えあいを、ていねいに追求しようとしていたこと、これもまた共通に学んだことであった。

教師たるもの、苦労しながらも、これが私の実践だという個性的な作品をつくりうるまで、努力をすべきものだと、あらためて感じたのは、きっと私だけではないと思う。

第三部　家庭・学校・地域の未来

Ⅸ　現代の家族問題と「心の教育」

——中教審「中間報告」と「父性の復権」論をめぐって

1——「家庭の教育力の向上」は自明の理か？

第十五期中教審は、その第一次答申で「生きる力」を最重要のキーワードとして選んだが、そのあと開かれた第十六期中教審は、その具体化として「心の教育」をキータームとして登場させた。いうまでもなく、神戸市や黒磯市での中学生による殺傷事件や一連のナイフ事件をきっかけにした今日の教育への政策的な対応である。

当時の小杉文部大臣は第十六期中教審に「幼児期からの心の教育の在り方について」諮問したが（一九九七年八月）、中教審はそれに応えて、半年ばかりで「中間報告」をまとめた（一九九八年三月）。異例とも思える早さである。

「中間報告」はA４判で二〇〇頁近くにおよぶ量の文書であるが、すべて家庭と地域社会と学校にたいして「〇〇しよう」と呼びかけるかたちでの提言になっている。呼びかけの項目数は家庭が三三、地域社会が二一、学校が三二で、合わせて八六項目もの「〇〇しよう」という提言が続いている。その形態も前代未聞といえる。

この「中間報告」はその後、ほぼ原型のままで最終報告とされ、その後の文部省の「家庭教育」施策の原点の一つとなっている。この「幼児期からの心の教育」がほんとうに実効性をもつものか否かを検討したいのだが、その前に大切なことを検討しておかねばならない。それはこの報告の基本構図が、子どもたちの精神や行動に放置できない問題があらわれている、したがって「心の教育」がたいへん重要になっている、という直接の結びつけを前提としているということの意味についてである。一九九七年八月四日に、小杉前文相が中教審に「幼児期からの心の教育の在り方について」諮問したとき、「文部大臣諮問理由説明」が行なわれたが、その「説明」は以下のような構成になっていた。まず始めに、二一世紀へ向けて「ゆとり」の中で「生きる力」を育むことが課題となっている、「しかしながら」「家庭をめぐっては……生活体験の減少、親の無責任な放任や、逆に過保護・過干渉といった傾向」「地域社会においては……人間関係の希薄化」や「生活体験や自然体験」のそう失、そして学校には「ゆとり」の欠如などがあると指摘したうえで、以下のような陳述が行なわれている。「子どもたちの間に見られるいじめ、薬物乱用、性の逸脱行為、さらには青少年非行の凶悪化などといった憂慮すべき状況も、子どもたちの心の在り方と深いかかわりがある問題であり、また、われわれ大人自身が真摯に自己の在り方を省みるべき問題であります。こうした問題の解決に資する上でも、心の教育の在り方を考えていくことが必要と考えます。折しも、神戸市須磨区の児童殺害事件においては、中学生が容疑者として逮捕され、私も教育行政をあずかる立場にある者として大変衝撃を受けるとともに、心の教育の重要性を改めて痛感したところであります」

こうして「心の教育」の在り方について検討してほしいという説明に続くわけであるが、この説明の仕方の中に実は、現在の文部省の心の教育ひいては道徳教育をめぐる教育政策を合理化する「仕掛け」が隠されている。

小杉前文相の説明、したがって文部省の問題把握の構造は、俗耳にはたしかに入りやすい。子どもたちの行動が乱れている、だから心の教育を！　というわけである。しかし、この説明の仕方をよく吟味してみると、そこにきちんと吟味されていないことが前提とされ、それにもとづいて結論を出すという論理の飛躍があることに気がつく。一般に、何らかの問題事態があるとして、それにたいする対応策を考える場合には、まずその事態が生じている背後にある要因や原因を分析することから始めなければならない。交通事故や運転者同士のトラブルがふえているとすると、それを減らすためにはまずなぜ事故がふえているかを徹底して調べるであろう。ひょっとしたらそれは信号の青・赤のリズムが悪いからかもしれないし、道路の小さな障害物が多いからかもしれない。そうした調査を細かくした上で、あれこれの対策を考えるはずで、それらを抜いて、いきなりドライバーにたいして「ルールをしっかり守りましょう」「お互いにゆずり合いましょう」という「心の教育」をもっとしっかり施行せねばならないという結論が出てくるわけではない。

ところが、今日の文部省の問題の立て方は、この種の飛躍をおかしているのである。子どもたちが問題行動を頻発させている→だから「心の教育」をもっと充実させねばという処方箋がいきなり与えられてしまっている。処方箋を書く前に、なぜ問題行動が頻発するようになってきたのかのていねいで客観的な調査が行なわれ、議論が重ねられて、原因を多面的に明らかにするという診断そのものは、意識的にか、避けられているのである。

原因調査の結果しだいでは、現在の学校の学級のサイズ（一クラスの定員）が多すぎて、教師が生徒たち一人ひとりと細かな心の交流ができていないことが大きな原因だ、という結論が出てくるかもしれない。その場合は、全国の小、中高の学級定員をたとえば早期に三〇人にするということが処方箋として出されることによって事態に立ち向かうことになるだろう。あるいは、親自身の孤立化とあせりに大きな原因があるという見解が出てくる可能性もありうるだろう。その場合は地域の暖かいつながりづくりこそが最大の課題となることになろう。

しかし、今回の報告はそうした原因分析（＝診断）をたんねんに積み重ねたものとは残念ながらいえない。問いにたいする答えはすでに決まっていて、あとはその答えをいかに国民に周知徹底するかのノウハウを探るだけだといわんばかりの構造になっているのである。

そして、問題行動→心の教育の最大の舞台として、文部省＝中教審が選んだのが「家庭（家族）」であった。

中間報告に先だつ第十五期中教審の第一次報告は、第二章「これからの家庭教育の在り方」の冒頭で「我々は、こうした状況を直視し、改めて子供の教育や人格形成に対し最終的に責任を負うのは家庭であり、子供の教育に対する責任を自覚し、家庭が本来果たすべき役割を見つめ直していく必要があることを訴えたい。……とりわけ基本的な生活習慣、生活能力、豊かな情操、他人に対する思いやり、善悪の判断などの基本的倫理観、社会的なマナー、自制心や自立心など

「生きる力」の基本的な資質や能力は、家庭教育においてこそ培われるものとの認識に立ち、親がその責任を十分発揮することを望みたい」（傍点引用者）とかなり感情的なトーンの文章を書いていた。ここには、家庭が「本来果たす」役割というものがあり、それをあいまいにしている家族、親が今ふえているということが、子どもたちの心の教育、生きる力の育ちのあいまい化＝問題行動の増加のもっとも重要なあるいは直接の要因だという認識がはっきりと表現されていた。行政府への提言文書が行政責任を問うのでなく、親に責任を問うというかたちになっているのは、考えてみれば異常なのだが、その異常さをあえて引き受けていたところにこの報告のねらいがある。

つまり、中教審と文部省（あるいは国）にとって当面の教育戦略はすでに決まっていて、それは今日の教育問題の克服のためには家庭がもっとしっかりわが子を育てるようにならなければダメだということにきまっているのである。そしてそれをなんとか政策的文脈に乗せて正当化することを中教審に期待したのである。

しかし、今の中学生たちの「問題行動」の多発化の原因は、本当に「心」の育ちの不十分さなのか、あるいは今の教育問題の背景に本当に「家庭の教育」の不十分さがあるのか、あるいは仮にそうだとしても、中教審＝文部省が家庭にもっとしっかりしつけてほしいと訴えることは、自らの責任放棄にならないのか、文部省や行政は家庭がうまく子どもを育てられるようにするための条件を整えることが仕事ではないのか、等々……疑問は絶えない。「十七歳問題」がマスコミをにぎわし、親の不安が強まっているだけに、この問題への対応はいっそう慎重でありたい。

2――林道義『父性の復権』の問題点

ところで、家庭の教育力を高めよという主張は、文部省関係者から出されているだけではない。この間『正論』『諸君』『文芸春秋』等の雑誌で、「父性の復権」を中心とした家庭再建論がさまざまな論者からたて続けに主張されている。

その重要なきっかけとなったのは、ユング研究者の林道義の『父性の復権』(中公新書、一九九六年)の出版であった。題名にも明らかなように、この本はいわば「強い父」の再登場を訴えたもので、今日の子ども・若者のかかえる諸問題や諸々の問題行動の最大の原因は家庭で父親がきぜんとわが子に接していないからだ、適切に家庭を担いきれなくなっているからだ、という主張をあれこれくり返したものである。

この本は出版後たちまちベストセラーになり、その後、前述の雑誌がこれに勢いを得て父性の復権論を擁護し、返す刀でこの強い父親の復権に異議を唱える論者、たとえば斎藤学の家族論や父親論を大上段に批判し始めた。

こうした本がベストセラーになること自体に今日の父親たちの不安が反映しているが、その内容には検討しなければならないことが多い。
読んでいない読者のために、先の本から何カ所かをランダムに引用してみよう。
「家族には中心が必要であるが、それでは誰がその中心になるべきであろうか。その中心になるのは父が最もふさわしいと考えられる。子どもを育てるためには、とくに社会人としての人格を持った人間に育てるためには、父が一家の中心としてどっしりと存在していることがいちばんのぞましいのである」（P二一四）
「父が中心にふさわしいのは、ひとつには生物学的に見て男性が体力を持っているからである。……しかし偏見と独断と言われることを承知で言えば、私の見聞によれば女性より男性のほうが平均して抽象的能力はすぐれていると思う。抽象的能力とは、個々の具体的観察を超えて、全体を眺め、大きくかつ長期的に判断する能力のことである。この能力は司令塔としての中心（父のこと―引用者）にとって欠くことのできない能力である」（P二一八）
古くはJ・S・ミルが『女性の解放』で、二〇世紀にはボーボワールが『第二の性』で、それぞれ歴史の中で女性が男性のような能力を示さなかったのは、そうした能力の必要な役割を与えられず、期待をされてこなかったからだということを説得的に示したことを、この著者は知らないのだろうか。北欧などで、大臣などの要職を与えられてもそれを適切にこなしている「抽象的能力」の高い女性がたくさんいるということを林はどう理解するのだろうか。林自身の家庭で父親が中心になるのは別によい。それぞれの家庭にはそれぞれの経営や分担の仕方があってよいし、家族の多様性は文化発展のひとつの条件である。けれども自分の家族がそれでうまくいっているからといって、そのやり方を。世の家族規範にしたてあげ、それでないと子どもはうまく育たないと断定するのは少し傲岸と言われても仕方あるまい。

「子どもにとって父親はスーパーマンである」（P四〇）

「父親が秩序を強く指向する人だと、子どもも秩序を重んずる人間に育つ傾向がある。反対に父親が秩序を否定して生きている人間だと子どもは……ときにはどんな秩序も形成できない人格に育ってしまう」（P五一）

「父本来の仕事は、理念を、ポリシーを、メッセージを伝えることである。ある意味では一方的な押しつけでいい。……一方的な『語り』でいいのである」（P一一一）

こうして林は、父親は家庭の中心にいて、威厳をもって子どもに接し、上下関係をわきまえさせ、家庭の中に秩序をつくり出し、家族をひとつに統合していく存在でなければならないと、口すっぱくくり返している。

こうした父親論がありうることは私にも理解はできる。しかし、林の議論は、ひとつには、親全体が協力して担うほうがよいと思われる役割のある部分をすべて父親の役割とわざと固定させ、結果として人びとの新しい家族関係づくりへの模索に水をかけているという点で、ふたつには主要な強調点が、父親の権威を確立することに置かれているために、結果として、親や教師の生徒、子どもにたいする権威主義的対応を呼びかけていることになっている点で、人いに問題があると言わねばならない。

先の引用でもわかるように、林は父親にたいして家庭でリーダーになれるといっている。しかし、仮に夫婦でそれを前提として家族を築いていくとすると、共働きがどんどん増えていくなかで、男女の役割分担が逆に固定され、同じような社会環境で父・母とも働いているのに、家庭では父が中心になるようにふるまえということにならざるをえない。それが社会での性別分業を正当化することにつながる可能性もなしとしない。

子どもの成長にとって、やさしい受容や支えの論理・雰囲気と、きびしいつき放しと批判の論理・雰囲気が双方ともに必要であることは、子育ての体験者ならみな実感しているだろう。しかしこの二つの論理の呈示を母親と父親で機械的に分担するのは、実態に合っているだろうか。私などの経験では、父、母とも両方の態度をとることができなければならないが、子どもの育ちの様態に応じてうまくバランスをとって働きかけていくのが育児だという実感がある。両親が（二人で育児をしている場合は、ということであるが）状況に応じてうまく相談し、分担し合いながら、子どもの育ちの必要と要求に応えていけばそれで十分なのである。

家の中で中心となる存在はひとつでなければならないと林は言う。それを父親が担えというのだが、仮に中心が必要であったとして、中心にいるのは男―女のダイアド（組み合わせ）であってなぜ悪いのだろうか。なぜ夫婦でいつも話し合い、協力し合って、必要に応じて子どもに厳しくし、必要に応じてやさしくしていくということではいけないのだろうか。

労働や生活スタイル全般がますます男女差をなくしていっている現代社会にあって、どうして家庭内では差をむしろしかも上下の関係に固定せよというのか、理解に苦しむ。林の議論は「父性」を父親に固定していないと断ってはいるが、現実には「強い父権」の復権論と重なっていることは否定しようがない。

3――「父性の復権」論への批判

こうした林の父親論にたいして臨床精神医学の立場から厳しい批判を加えたのが斎藤学である。斎藤は、「アダルト・チルドレン」や「共依存」などの用語を日本に広めた人として知られているが、自らの精神医学的臨床経験から、家族の役割を規範的に考える家族論にたいしても批判的、懐疑的な意見を述べるようになってきている。

「こういった子どもや家族を見てきてつくづく思うのは、家族というものは、世間で言うほど温かいものでも、親密なものでもないし、それを欠いては生きられないようなものでもないということでした。むしろ、家族を維持していくことを大切にするあまりに、自分自身の欲求を消滅させ、感情をなくすという状態に陥っている人のほうが多いように思えるのです」（斎藤学『「家族」はこわい』日本経済新聞社刊、一九九七年）

こうした立場から、斎藤は先の林のような「父性の復権論」を批判する。斎藤は、林（たち）の主張は「かっての権力的な家父長的な父親とは一味変わったところで、冷酷な父はいけないが愛をもった父権主義は必要だとの、それは主張です。父親は厳然たる権力をもつことがいいのだという論理です」と受けとっている。これは筆者がみる限り、林の先の本のたいへん正確な把握といえる。その上で斎藤は、この「主張の底流には、世の中の秩序の乱れは家庭に始まる、だから男はもっとしっかりしなくてはならない、という考え方が横たわって」いるといい、この「新保守主義」の「健全な家族」論の「一番の過ち」は「まず自分たち男あるいは父親が、自己尊厳とかプライドをもつべきだと主張していること」であるという。自尊心やプライドは社会的な弱者にとって必要であるが、「権力をもつ側」が「自分たちが自己尊厳やプライドをもとうと言うとき、それは暴力となることが」あるからである。権力的な側が自尊感を主張すると、「支配される者たちは自信満々の権力者の説教を聞いているうちに取り込んでしまう」、「そして、心の中に苛酷な暴君をつくりだして、その奴隷になってしまう」（前掲書）。それゆえに危険だというのである。

いわゆる「良い子」（過剰適応）や「アダルト・チルドレン」は、こうして家族の権力者（父ときに母）に、弱者である子どもがとり込まれた結果なのであるが、斎藤はこうした事例に多く接してきた経験から、林（たち）の主張に新たな「権威主義」を感じとったわけである。

斉藤のこの批判点は、教育論にも重要な論点呈示となっているので、そのことに少し触れておこう。

実は、先の林の『父性の復権』は、重要な論点を未解決のまま呈示している。林は、先の本の父性論の歴史を論じた箇所で、E・フロムやT・アドルノたちがファシズムの精神を分析するために用いた「権威主義的パーソナリティ」という概念を説明している。周知のようにフロムは、自由が過度になったり、社会的な不安が強まると、強い権威に頼り、それを内面化することによって精神の安定を志向する人間が生まれやすくなる、こうした人間は、一方で権威を否定し、反抗するが、他方では権威を賞讃し、あこがれ、支持するようになる。こうした性格を彼は「権威主義的パーソナリティ」と呼んで、それをファシズムを支えた精神と考えたのであった（フロム『自由からの逃走』東京創元社）。アドルノたちは、こうした権威主義的パーソナリティに陥りやすいタイプとその社会的出自や背景を生育史に逆上って実証しようとした。フロムは、ルターやカルヴァンをこうした人物の典型としてあげたが、それは幼い頃からの厳しすぎる父親に育てられたせいでそうなったと論じ、アドルノたちは、アンケートによってファシズム的性格の人間が幼い頃両親によって犠牲にされたという感情をもっている者が多いことを見出した（アドルノ『権威主義的パーソナリティ』青木書店）。こうした研究を通じて、フロムやアドルノたちは、幼い頃から支配欲の強い、厳格すぎな権威主義的な人間（親）に育てられると、権威主義的パーソナリティーになりやすいことを社会に警告したのである。

林は述べていないが、ドイツでは、戦後、精神分析学者のミッチャーリッヒも似た観点から

「父性」の欠如とファシズムの精神の連関を研究したが(『父親なき社会』『失われた悲哀』など)、たしかに社会に頼るべき精神的支柱が損なわれると、別の権威にすがりつきたくなる人間がふえるのはよく理解される。日本では、戦前天皇制と家父長制という強い権威のもとでファシズムが台頭したが、日本の場合も、ある程度似た説明は可能であろう。社会的権威の問題は、たしかに社会的秩序の確立という問題にとって、避けて通れない問題なのだと思う。

しかし、だとすると、社会は支配者が強い権威を示しすぎると権威主義的パーソナリティを生み出し、逆に権威がないと、権威主義を志向するパーソナリティを生みやすくなる、ということになってしまう。このトートロジカル（同語反復的）な矛盾を社会はどう解決すべきなのか。フロムはこれにたいして明確な解答はさけていたし、「愛」というカテゴリーで別の説明をしようと試みたかにみえるが、それは見方を変えればキリスト教的愛の世俗化を主張したものとも受けとれる。私たちはみな、このアポリア（難問）に事実を冷静に見つめながらたち向かわなければならないのである。

しかしながら、林は、この矛盾にまっとうに向き合おうとしていない。林は権威主義的パーソナリティよりも、「権威喪失的パーソナリティ」のほうが「もっと深刻」な問題をはらんでいるといい、「友だちのような父親」を頭から批判し、子どもと「対話」するというのは母性であって父性ではないと根拠なく断じている（前掲書P一三八〜）。そして「父の健全な権威」こそが、社会の混乱を救うといい、教師にたいしても低学年から規則を守らせる、抽象的な徳への関心を広げるなどの「父性原理からする道徳教育」をもっと導入せよなど、学校にももっと「父性原理」を導入せよと論じている。

こうした論じ方は、けっきょくは、学校や家庭の中にもっと強い説得の権力、言うことをきかせようとする権力を生み出すことになるだろう。「健全な父性」と「不健全な父性」を言葉では区別しているが、その境目が論じられていないので、日本の社会的文脈では、強い権力への志向が一人歩きしてしまうことは明らかだからである。

先の斎藤は、こうした強調の仕方に危惧を感じたのであった。社会的に強い者が権威を主張することが、より不健全な関係を生み出すことへの危惧である。

4――「心の教育」のための新たな実践の試み

雑誌『諸君』や『正論』などは、こうした林の議論を擁護し、斎藤の父親論、家族論を批判するような論稿を載せ続けていて、〈家族〉、〈父親〉、〈権威〉が新たな対決の論点となろうとしている。文部省＝中教審も、こうした対立図式のなかで、林＝新保守主義的家族論を世論に強引に乗せようとした印象は否めない。

たしかに、今日の家族は深刻な課題を抱え始めていて、子どもをうまく育てきれなくなっている例があとをたたない。だから、家族をなんとか「健全」な姿に戻したいという願望が生じるのも理解できないわけではない。けれども、そうして家族に向かってきちんとしつけようと呼びかけることが、実際にいかなる影響をもたらすのかという判断は、慎重に行なったほうがよい。うまくしつけられないことが社会的、構造的原因で生じているのに、それを個人責任で解決させようとすれば失敗するにきまっている。

斎藤学は、フェミニズムに学びながら、アダルト・チルドレンと自認する、主に女性たちの癒しの場を自らの研究所に多数用意し、学び、語り、変わりながら自分をとり戻す社会的実践を開始している。そこにあるのは家族にたいしてかくあれと上から語りかける姿勢ではない（家族機能研究所）。

関西での原田正文たちの子育てグループづくりの実践も、同じ姿勢からうまれている。（「心の子育てインターネット関西」）

教育実践のなかでも、フェミニズムに学びながら、家族の問題に新たなアプローチをしようとする吉田和子の実践が私たちにとってもとても参考になる。吉田はその著『フェミニズム教育実践の創造』（青木書店、一九九七年）で、商業高校での彼女のこれまでの実践をフェミニズムのまなざしでとらえ直し、家族やその中で育つ子どもたちをとりまくミクロポリティクスを、女性をめぐるより大きな政治的構図の自覚のなかで、新たな「解放」への見通しへとつなげさせることを多様に試みている。たとえば、母親の「不倫」行為を思秋期の自分捜しを懸命に行なう女性の強いられた選択としてとらえ直し、思春期の自分捜しをしている自分の想いとつなげさせて理解することを生徒たちに求めている実践、さらには男の子育て、シングルマザー、同性愛などを既成の価値にとらわれずに自分を生きる試みとしてとらえさせようとする実践など、読む者に新たな視点を提供している。そこには、まだ十分とはいえないかもしれないが、今日の差別的な社会の、その底辺で生きてきた人間の自らをとらえる新しい政治的なまなざしと言葉が、教育の衣を着て語られ始めている。男性中心の発想なら、男をつくって逃げる母親を、だらしない、とんでもない女としてしか評価できない視点が、フェミニズムのそれを介することでみごとに逆転する。そこに教育の新たな政治学が垣間見えている。

　斎藤の多様な形態での癒しの実践も、原田たちの自助的なNGO実践も、吉田のフェミニズムの視点から家族の政治性をつくりかえようとする実践も、いずれも、家族が新たな困難を抱え始めた時代における心のつくり直しの実践といえる。そこには、問題行動→家族のしつけの強化という短絡的な思考は介在していない。中教審＝文部省は心の教育の強化という課題を家庭の教育力を強めるという、これまでの家族論を抽象的＝権力的に規範化する路線で実現しようとしているが、それが見落としている視点が斎藤や原田や吉田の実践には見え始めている。またそこには単純な「権威」復活論を超えた、共生的権威への志向がある。

　福祉の領域では、家族を社会がどう支えていくかということが歴史的な課題となってきていて、それを「子ども・家庭支援策」という言い方でとらえようとしてきている。家族が今日の状況で育児を行なうもっとも適切な場とはいえなくなってきているという認識は、人口問題審議会が昨秋出した報告書にも出されている。精神科医の小此木啓吾は以前から、家族で育児を専一的に行なうことはやめて、育児の社会化をはかるべきことを示唆していた(『家庭のない家族の時代』ちくま文庫、一九九二年)。こうした視点は、育児がうまくいかない場合、その責任を個々の家族に求めるのではなく、育児をうまくできるように家庭を支援する責務を担っている政策側や社会の側に責任を求めるものといえる。

中教審の中間報告には、そうした視点もある程度含んでいる。しかし、たとえば遊び場を作ろうという呼びかけにしても、それが行革の進行している地方行政の下ではいかに困難かはまったく自覚されていない。「心の教育」は本来、教育のなかでもっとも大切なものである。しかし、それだけに強い政治性がつきまとう。そこには旧来の対立図式とはやや異なる、新たな対立図式がはらまれているが、その明確化は教育の理論、実践の新たな展望を切り拓くことにつながるはずである。家族の問題は、今や個々の家族だけでは解決できなくなってきていることは明白である。問題は、そのことを学校教育関係者がどれだけ自覚するかであろう。

行政的にも社会教育と学校教育の壁を取り払う努力が急速に強められなければならないと思われる。すでに栃木県鹿沼市のように市ぐるみの「学社共同」をめざしているところも生まれている。学校を地域にどう開いていくか、その知恵と努力が問われる時代に確実に入ってきている。

X　柔らかな開放形のシステムづくりを

——学校経営の哲学について——

1――学校は変わるし、変えられる

私の長女が通った地元の公立中学校の話である。

この中学校は東京の海辺に近いある区にある団地の中に位置している。小規模校で、一小学校一中学校という校区になっている。この中学校が、娘が入学する二、三年前から「荒れ」始めたのである。

団地の中だから、「荒れ」はすぐに住民に伝わってしまう。昼間、団地のあちこちに学校にいるはずの生徒がたむろしているわけだから。住民からの通報は頻繁に行なわれたが改善のきざしはまったくなかった。

授業参観だからと学校に行くと、参観中に廊下を生徒が走り回るという場面を目撃させられた。トイレのドアはことごとく破られ、女子生徒はトイレに行くこと自体たいへんであった。運動会だからと参加すると、「ヨーイ、ドン」と号砲がなっても走らない生徒の姿を目のあたりにせねばならなかった。「校歌斉唱!」といっても歌っているのは教員のみ。マスゲームも成り立たない。見ている親がみじめになってみな早々にひきあげてしまった。翌日、こんな学校に子どもを預けられないと校長に抗議にゆき、わが子を田舎につれ帰った親もいた。学校に文句を言いにいっても、それならばと、親たちが授業時間中、廊下で見張り役をするように言われる。生徒たちがフケないよう見張れというのである。

親の中ではとうとう学区を変えてほしいという署名運動まで始まってしまった。その中学校に隣接して団地のもうひとつの中学校があるのだが、そちらにはそんな荒れはまったくなかったからである。親にとっては不思議でならなかった。同じ団地にある同じ中学校が、片方は荒れにまかせ、片方はそういう兆しさえ見せていなかったのだから。いったいどうして荒れる中学校は荒れてしまうのか。学校はまったくブラックボックスであった。

次の年、教育委員会は思い切った措置をとった。校長をはじめ主だった教員をすべて異動させ（本人たちの希望だとは思われるが）当の学校には教頭以下わずかしか残さなかったのである。新しく赴任した校長は、いわゆるらつ腕校長というタイプではなく、離島ののんびりした中学校の校長をしていたという人物であった。この校長が人選をした人を中心に、多くの教員たちが新しく娘の行く予定になっていたこの中学校に異動してきた。

その後、いわゆる荒れは徐々に治まっていった。校長は先頭に立ってこわされた便所の扉をトンテンカンコン修繕をし、教員たちはいい学校をつくろうと情熱的に生徒たちに呼びかけた。途中経過は省略するが、娘が入学したあと、学校は見ちがえるように変わり、小規模校の良さがいかんなく発揮されるようになっていった。

運動会はみごとに統制のとれた、不必要な緊張感のないすがすがしいものに変わった。運営しているのはみな生徒たちである。マスゲームもみごとにつくりあげ、みんなが楽しさの中に真剣な演技、競技をくり広げている。親の中には、これがあの同じ中学校かと涙を流しながら見入る者がたくさんいた。

生徒たちの顔にはみな輝きが戻った。娘は学校ってこんなに楽しいところだとは思わなかったと何度も言った。部活のあと、団地という立地条件も手伝って、よく夜九時頃まで学校に残っていた。職員室で先生たちとワイワイするのである。

娘が二年生の終わりの修学旅行の準備は生徒たちの手で進められた。実行委を募集すると三割近い生徒が応募した。みんなで今年はどこのコースを回ろう、今年の規則はこうしよう、等々と議論をして自主的に決めていった。それを生徒たちがワープロに打ち、冊子にまとめ、親を呼び集めて説明会まで開いた。例年のようにリュック等を前日までに学校にもってきて置いておく（禁止されたものを持ってきていないか教員がひとつひとつチェックするため）ということは今年はやめます、と親の前で生徒たちは堂々と言った。ぼくたちを信頼してほしいということだった。

生徒会で学校の校則の見直しを呼びかけてアンケートをとって作り直したり、夏の林間学校のコースをみんなで下見にいって決めたり、合唱コンクールをクラス対抗で行ったり、文化祭を自主的に運営委をつくって運営したり……。教員たちは、可能なかぎり生徒たちを信頼して、彼らにまかせられるところはすべてまかせよう、としていたことはみえみえであった。それがまた親にはうれしかった。

親もＰＴＡ等の活動に積極的に参加し、さまざまな企画をつくりあげていった。学校のＰＴＡの部屋は毎晩九時頃まで明かりがついていた。ＰＴＡの呼びかけで行なわれた忘年会には、夜一二時頃まで教員と親が二〇〇人近く残って飲みさわいだ。生徒がたった三〇〇人の学校でである。生徒たちは休日、よく教員の家に遊びに行った。みんなで先生の結婚相手の心配をするというようなほほえましいエピソードも生まれた。娘は勝手にグループをつくって学校中に花をかざろうと呼びかけた。校長室にはいつも生徒たちの手で新しい花が生けられていた……。

2 ―― 学校改革の三つの原則

いったいどうしてこのような変化がおこったのか。今思うと、私は教員、親、生徒のそれぞれの努力と管理者の経営姿勢とがぴったり一致した方向を向いたときに学校は変わるのだということを教えてもらったように思う。ちなみに言うと、前校長が異動した中学校は、しばらくしてこの中学校のように荒れ始めたとのことであった。

私は校長室に何回か足を運んで話したが、あるとき校長は私に、以下のような三つの方針でやってきたと話してくれた。

ひとつは学校に対する不平・不満はすべてオープンにするという原則をたてたことである。かくしてしまえば疑心暗鬼しか生まれない。すべてを本音でオープンにしてこそみんなの知恵が集まるというのである。学校への不平・不満のアンケートなどはすべてコピーして生徒にも配った。

第二は教師に対して、校長として、あれしろ、これやるななどといっさい規制しない。すきなこと、やりたいことをすればよいという原則を立てたことである。教師たちははじめ不安だったそうだが、やがて本音で話し合えるようになっていったという。ただし、校長は教師たちにこれだけは共通に守ってほしいということをひとつだけ要求したそうである。それは何をする場合も子どもたちのためを思ってするという立場を貫いてほしいということであった。

第三は、親の学校への要望はすべて校長が窓口になって受けとめ、教師のところへ個別に行かないようにしたことである。親の要望は決して一様ではない。同じことをある親はやってほしいといい別の親はやってほしくないというようなことがしばしばある。その混乱を避けるため、親の要望は校長室でひとまずきくことにしたのである。校長は必要に応じてその要望の一部を教師に伝えた。おかげで校長室は親のたまり場になっていった。

この三つであるが、これは今日の学校の経営方針として、きわめてすぐれたものであるように思う。

システム論的に言うと、第一と第二の方針はシステム内部の上下関係をできるだけ減らし、可能な限りお互いが気がねなくコミュニケートし合えるシステムづくりをめざしたものといえるだろう。システム内部の疎通をできるだけなめらかにしようとしたということである。

学校という組織はある種の閉鎖性をもっている。その中で気がねして気さくに関係がつくれないような緊張感があると、その緊張感がせまい閉鎖空間を伝播し反射してストレスのたまりやすい場になってしまう。一般に二人の対人関係で片方に緊張感があると他方にも緊張感がほぼ自動的に生じ、心おきない関係づくりが困難になる。カウンセリングの場で、カウンセラーに緊張があるとクライアントが心を開けないので、カウンセラーにはできるだけクライアントがリラックスできる関係づくりが要請される。その重要な方法が「自己受容」と言われるものである。自己受容とは自分のありのままの感情、気持ちにできるだけ素直になるというもので、無理に自分を良く見せようとか、別の自分を演じようとしないということである。

学校という場も同じで、閉鎖性が強いゆえに、たとえば校長―教頭―一般教員関係に、どこか緊張感を生み出すような要因があると、それぞれがそこから生じるストレスを日常化し、それがゆとりのない教育実践を生み出してしまう。それを避けるためには、上に立つ者が全構成員とできるだけ対等の立場で、本音が自由に出せるように雰囲気をつくることが不可欠になる。「良い教育」をしなければならないという圧力が強く、それがなかなか実現できないという思いでいる教師が自分をとりつくろってしまうというようなことが必要のない雰囲気、やり方がわからなかったら誰にでも遠慮なく相談でき、きかれたほうは親身になって相談にのりあうような関係、そうした気さくで等身大のコミュニケーションが可能になる状況をつくり出すことが学校づくりの最低要件になる。校長―教頭の管理能力、経営力量が大きくものをいうゆえんである。

校長はそれなりの教育理想をもっている必要がある。しかし、学校経営という視角からすると、校長が替わるたびに学校の雰囲気や方針が次々と替わるということでは、子どもたちも親も、そして当の教師たちもとまどうことになる。それぞれが本音で自分を語り、よりよい教育をめざして協力し合うなどということはしだいにできなくなることは目に見えている。

校長のリーダーシップが、短期間に自分の教育理想を実現しようというところで発揮されるのは必ずしも好ましくない。その前に、構成員のそれぞれが自分のもてる力を自由に発揮でき、それが良い学校をつくろうという方向にしだいに収れんされていくような状況をつくる方向で発揮されるべきだと思われる。教育理想は校長のものだけでなく、全構成員の教育理想や目標の接点で模索されるべきものであり、校長のそれを下に押しつけるべきものではない。

いずれにしても、システム内部の要素の相互交流をできるだけ自由にし、不要な圧力を加えて磁場を強くつくるということをしないということが、学校が活性化する重要な方法的基礎になるということを私はこの学校から学んだように思う。

3――開放系のシステムづくり

わが娘が通っていた中学校の経営上の教訓は以上にとどまらない。

たとえばこの校長は学校への不満や批判をすべてオープンにするという方針をとった。学校への不満アンケートをとってもそれを細工せずにそのまままとめて報告し、生徒にも親にも返した。中には明らかに特定の教師への批判と思われるものが含まれていたがそれもそのまま報告した。身内かわいさからとか、管理上の責任を問われるからと隠すようなことは一切しなかった。

これはシステムの自己変容を促すために、閉鎖系システムを可能な限り開放系のシステムへと転換しようとする努力といえる。

学校に対しては地域社会の目、親の目、マスコミの目など、さまざまな目が注がれており、学校はそれらをどこかで意識して教育の営みを遂行せざるをえない。しかし、それに対して学校の内側の問題点を外に知られるのはまずいというような形で自己防衛的に対応してしまうと、学校にはそれが反転して無理がはびこることになる。

もともと学校には親や家庭の抱えた問題が子どもを通してさまざまに持ち込まれる。それらをふまえて教育が行なわれざるをえないわけであるからすべてが理想的に展開されるわけではない。そこには必ずあるほころびがある。しかも教師は教師で、一人ひとり力に偏りのある生身の人間である。その意味で、学校は常に問題を発生させ抱え込みながら教育を遂行せざるをえない組織といえる。したがって問題は学校が問題を抱え込んだり、発生させたりすることにあるのではない。それはある意味で必然なのであるから、その先にこそ問題がある。つまり学校が抱えたり発生させたりした問題を隠さず、衆知を集めてみんなの力で解決してゆく姿勢をもっているかどうかということである。

昨今、小学校に広がっている、いわゆる「学級崩壊」問題の本質もここにある。「崩壊」を導くきっかけはいろいろある。子どものいじめやキレやすい子の暴発、授業への不満、幼—小の連携不備等々。しかしこうしたことはいつでもありうることであろう。それ自体が「崩壊」の原因ではなく、そうした「問題」が発生したとき、それをこじらせて問題を大きくしないで、逆に関係がよくなる方向に導いていくような「危機管理」の能力が欠けていることが原因なのである。

「学級崩壊」問題は、端的に言えば、さまざまな「危機」が生じたとき、その「危機」の性格を見抜き、原因を把握し、誰に、どう問題を明らかにして、誰の力をかりつつ克服していくかなどという、学級経営における危機管理能力の問題である。それをうまく遂行できるシステムを日ごろからつくっておけるかどうかが問われているのである。

先に（V章）少しふれたが、ある教師の対応をもう一度紹介しておこう。彼の勤務校がはげしく「荒れ」て収まりがつかなくなった頃、親を集めた全校集会の折に、生活指導担当の教師が「私どもも全力で努力していますので、そこのところをよく理解していただいて……」と話し出して重い雰囲気になったということがあった。それをみて、彼はいきなりその教師からマイクを取りあげて、「そんなきれいごとではないのです。私たちはあれこれやっているのだけど、正直云ってわからないんです。どうしていいか。みなさんに言いたい。いっしょに考えてください。どうしたらよいか。知恵をかしてください……」と言い出したのである。会場は当然ざわついた。そしてしばらくして「よく言ってくれた。そういう声が聞きたかったんです。私たちにできることがあれば何でも協力したい……」という主旨の発言が相次いだのであった。

この場合は、教師だって限られた能力しかもたない人間なのだからやれることには限度がある。できないことはできないと正直に言うから、どうしたらよいか、私たちにしてほしいことは何か、正直に言ってほしい！　そうした本音を伝え、親といっしょに考えていきたいという姿勢を貫いたことが学校を変えるきっかけになったのであった。

こうした戦時の学校状況だけでなく、平時の学校においても、相談したらよいことはできるだけ親に相談して運営を進める姿勢をもっているかどうか、これがシステムとしての学校の自己変容の健全なきっかけになるように思う。

Ⅷ章に出てくる岩辺泰吏先生は、かつての勤務校（小学校）で、毎年親の学校への希望をアンケートにとって、それをまとめて親の集会で報告し、さらにそれにもとづいたカリキュラム編成を職員全員で行なうという学校づくりを追求したことがある。たとえばある年のアンケートでは親の中に子どものしつけをしっかりしてほしいということが要望として多かった。道徳教育をもっとやってほしいというのである。当然、しつけに属することまで学校がひき受けると、学校の仕事が肥大化する。だから一般的には賛成できないのだが、実際に親と話し合ってみるとそうした要望が相当強いことがわかった。そこでその年は、職員の中で従来よりも子どもの生活上こうしたことに注意して指導しようということを何点か定め、それを学校参観の日の親の集会で報告し意見をきいて具体化することにした。

このようにこの学校は、親にとって風通しの良さを標傍した学校づくりをテーマにして学校システムの自己変革をはかった好例といえる。同校ではＰＴＡの育成にも力を入れたが、通常の例とは異なり、たとえば「学年懇談会を学校でやると先生に遠慮して本音が言えないでしょう。だから懇談会は公民館のようなところでやり、先生にもきてほしいということになれば呼んでほしい」などという配慮をするのであった。こうした方法は、親の学校参加への意志を高めざるをえないであろう。（岩辺『ランドセルが運ぶ風』新日本出版社、一九八七年等参照）

海外の日本人学校にかつてわが子を通わせたある親が語った次のような言葉も印象に残っている。

「海外の日本人学校では、教材も足りないし、運動会などの準備のときの人手も足りないんです。それで私たち親がいつも手伝ってやっていたんですが、あるとき授業をのぞいたら、先生が一人で苦労していたので、親たちが手伝いに入ったんです。問題解いてもわからない子は教室のうしろにいるおばさんのところにききにおいでって。そうしているうちに、授業というのは親が手伝ってするのが当たり前になってしまったんです。

ところが、日本に帰ったあと息子が通い始めた学校で校長先生に手伝いたいと申し出たら、冗談じゃないという顔で断わられたんですよ。どうして日本の学校はこんなに雰囲気が固いんでしょうか」

同感である。もちろんすべての学校がこういうふうに親の参加を拒んでいるわけではなく、ときにはクラスの生徒の親に専門を生かした授業をしてもらっている先生もいる。最近はそうした親の学校参加を進めている学校も出てきている。しかし全体としてみると、そうした例はまだ少数で、大多数は親が自由に教室に入って授業を手伝うというようにはなっていない。

以上はいずれも、学校を閉じたシステムにしないで開放系のシステムとするための工夫例である。将来的には教員のボランティア休暇など学校と一般社会との関係のつくり直しなどの努力も必要になるだろう。さしあたり社会の変化が激しい時代こそ、学校は閉じ込もらないで自らを外に開く努力が必要になるだろうと思われる。

4 ―― 理念づくりを優先するのでなく

これまで述べてきたことに明らかなように、私は学校を変えていく方法を構想する場合、理念から出発するという方法を強調しなかった。これには理由がある。

理念をまず想定して、それにふさわしく学校を変えていくということが一般的にまずいとはもちろん私は思っていない。しかし、現実の学校が、その構成員の自由な創意によって柔軟にシステム変容していくという柔構造を有していない場合、理念の設定はしばしば上意下達方式で行なわれるか、あるいは形式的手続きのみで設定されるかになりがちである。そうした場合、学校にはしばしば新しい理念の実現をめざす目標群が設定され、今度はその目標の達成のための手続きと評価、評定シリーズが計画されるという構造がつくりあげられる。教頭や主任は、そうした目標管理のためにプロセスの途中に配置される点検役となる。

こうした方法では、けっきょく、肝心の生徒がそうした目標達成の手段として位置づけられざるをえず、生徒やその背後にいる親たちの学習要求や教育要求との生きいきとした緊張の中で、ほんものの学びを実現していこうとする柔軟な工夫は生まれにくい。別の形での管理主義がはびこってしまい、意に反して学校は閉塞的になってしまう。

実際、六〇年代から進められた「学校の近代化」戦略は、たいていこうした手法で進められた。目標をまず決め、目標管理―遂行システムを合理化し、その達成度を生徒へのテストなどで点検していくのである。教育工学という学問がこれを担ったのだが、こうした経営の近代化によって、学校には中間管理職が増え、企業型の経営の形式が入り込み、七〇年の後半から「荒れ」という形で生徒から返礼を受けたのである。

八〇年代には、管理を強めるという形でしか対応できずに、問題がかえってこじれた例が多かったことも記憶に新しい。

目標、理念をまず決め、その到達、達成をシステム化していくという発想では、多様多彩な人間が生きる学校が活性化することは難しいと思われる。

もちろん、今回紹介したような例でも、学校の「荒れ」の解消というような切実なテーマが実際の目標をつくっていたではないか、という反論がありえよう。それはその通りであって、そうした目標のもとに全構成員がそれぞれの創意性を発揮して動いたことと、その動きの活性化をじょうずにはかる管理者の努力がうまく重なったところに学校のたて直しの秘訣があったわけである。

学校づくりの目標が不要だというのではない。その目標を全員の肩のこらない自由な議論の中で紡ぎ出せるような内部システムをつくり出せるか否かが課題であることを指摘したかったのである。

平時であれば、〝荒れの解消〟などということではなく、それぞれの学校状況に応じた目標が模索されるであろう。たとえば自学能力を育てたい、探究的学力を伸ばそう、子どもが主人公の学校づくりを、等々。

この場合、議論した結果目標をせまくひとつに限定して、すべてをそれに基づいてコントロールしていくというシステムをつくることは避けるべきと思われる。何度も述べるように、学校システムの柔構造と開放性こそが学校活性化の秘訣だからである。〝固いシステム〟を別の形でつくることは学校を再び閉鎖的にしてしまう。

その意味では、学校づくりの目標は多様であってよく、それぞれの実践者がそれぞれに自覚しているものを出し合いつつ、その相互交流を保障するというシステムをつくることのほうが重要ということになるだろう。学校づくりの前にそれぞれの学級づくりがテーマになるといえようか。それらが孤立していず、相互にフランクに交流しあえるシステムがつくられれば、学校づくりの全体目標も自ずと紡ぎ出されてくるということである。

XI　学校を地域に開く

1――親から子を託されるということ

（1）地域を歩いた教育実習生

私の友人のある中学教師の話から始めよう。彼は、学生のころから、私にさまざまなことを考えさせてくれる実践をしてきた人である。

彼が学生のとき、教育実習に行った中学校は、必ずしも文化的に豊かとはいえない、高度成長期に地方から出てきた人が多く住み着いた地域にあった。実習が始まるまでの準備期間中に、彼は担当するクラスの名簿と住所を担任から貸してもらった。そして、実習が始まる前に、その名簿と住所をたよりに、担当するクラスの子どもの家を一軒一軒見てまわった。

生徒たちの家のようすは、予想以上に深刻であった。家がスナック店で、母親が夜遅くまで働いているらしく、夜、子どもたちはどうしているのだろうと考えさせられる家。親がコンビニを始めたので、夫婦で夜出かけてしまい、ガラ空きになるので、そこにみんながたまっているらしい家……。

実習が始まったとき、彼はすべての子どもを、顔を見ただけで名字でなく名前で呼んだ。「ケンタ！」「ユミ！」……。顔写真を見て、みんな覚えたのである。そして、「おまえは、帰って夕飯の準備しなければならないのじゃないのか」「君の父さん、有名な大工だってな」等々と気軽に話しかけていった。

当然、生徒はびっくりする。もっと驚いたのは、指導担当の先生であった。一日目の実習が終わると、その担当の先生は友人を酒に誘い、どうしてそこまでやれるのか、逆に聞いたという。彼は、「ただやれることをやろうとしただけだ。自分も親が食堂をしていて、めんどうなんか見てもらえなかったが、そういう連中がたくさんいるんじゃないか。子どもたちがどんな家庭で、どんな親に、どんな地域で育ててもらっているのかということが教師にわからないと、ほんとうの教育はできないと思って……」というようなことをしゃべった。

その話を聞いていた担当の教師は、急に席を立って電話をかけに行った。そして、席にもどってきて言った。「今、家庭教師のバイトを断ってきた」。若い教育実習生の話と姿勢に感じて、もう一度まじめに教育に立ち向かおうと思い直したというのだ。

(2) 学校の庶民＝主体的発想の深化のために

どちらも偉い！と言いたいところだが、ここで考えてみたいのは、この友人教師の姿勢の意味である。こんなことまでをやる必要性が一般的にあるわけではない。ただ彼のやり方には、学校が何を、あるいはだれを支えるために存在しているのかということをめぐるひとつの立場が、はっきりと表明されているように思うのだ。

近代の学校というのは、ごく一般的にいえば、国家が近代社会の担い手を育てるために上からつくられて発展してきたものといえる。しかし明治以来、そうした上からつくられた学校のあり方を相対化し、もっと別の論理でこれを捉えようとする試みがあちこちで、そして、何度も追求されてきた。そういうなかで、自分の子どもを育てている庶民＝地域住民が、これ以上は自分たちが育てるよりも専門家に任せたほうがいいという判断をして、専門の教育機関にゆだねようと行政に依頼する。そのようにしてつくられたのが、近代の公立学校だと考える発想が生まれてくる。これを学校の庶民＝主体的発想ということにしよう。

できた学校の運営の権利が最終的にあずけた親の側にあるのか、あずかった学校側にあるのか、いくつか新たな論点が浮かんでくるが、ともかく学校は本来地域の親がつくったものだという発想が生まれたことが重要である。

たしかに、歴史的経緯として見れば、学校は国家が号令してつくらせた部分が大きい。しかし、実際の村や町では、地域住民がおらが町・村の学校をつくるということに腐心してつくられていったものが多いのだ。つまり、学校には、もともと村や町のものという発想と、国家のものという発想が入り組んでいて、時にはどっちに位置づけるかの綱引き合戦もしてきたということである。

現実には、その後長く、国が学校を支配するという歴史が続いてきたことは周知のとおりである。そのために、庶民が気軽に学校になんでも相談し、教師も親の相談に乗りながら教育をすめるというのが自然な姿だという発想がしだいになくなっていっている。もっとも、戦後しばらくは、それでも学校は庶民的であった。私が小学生だったころ、教師には宿直という当番があり、担任の教師が宿直の日など、昼間働いていて学校に行けない私の母が、よく夜おかずを差し入れながら四方山話をしに行っていたのを覚えている。

現在は、国のほうも、国家主導型の学校づくりが限界にきているということを認めるようになってきている。ただし、「日の丸・君が代」問題に見られるように、都合のいいところだけを自治体や教師にゆだねるという発想がまだチラチラ見られるが。それはともかく、条件が変わりつつあることはたしかだ。この条件の変化を、学校の庶民＝主体的発想の深化に生かすために、今何ができるのか、地域住民にも教師にも親にも、知恵と姿勢が問われている。

(3)　親に共感し地域に学ぶ

話を元にもどすと、先の私の友人の姿勢が興味深いのは、彼のなかにははじめから「親」があったということである。学校で教師は日常的には生徒と格闘するのだが、彼が常に見ているのは子どもだけでなく、そのうしろの親でもある。この子の親はどういう生活をしているのか、その親はこの子に何を託そうとしているのか、その子のために一体何をすればよいのか、そうした発想で学校と教育をとらえようとしている。

　学校教育を考えるとき、子どもだけを対象に教育を構想するか、それとも親のことをいつも念頭において発想するか、ちょっとした違いかもしれない。しかし、教師という仕事の根拠をどこにおくか――つまり、この子たちの後ろには懸命に生きている親がいて、地域の経済があり、地域の文化があり、その後ろに親たちを規制している政治があり……と発想するか、それともたんに、子どもは学校に来るものなのだという姿勢でとりくむのか、教育観としては相当大きな違いとなっていく。

　先の友人が、就職して最初に勤めた中学校は、クラスの生徒の相当数が生活保護世帯というところで、典型的な「荒れた学校」であった。彼をはじめ若い教師たちが中心になって、夏休みも一日も休むことなく奮闘し、一年間で「非行問題」を表面的にはなくしていった。そのとき彼から聞いた「ほんとうはあいつら家に帰したくない、あずかってやりたいよ」ということばを私は今もよく覚えている。

　それほどに家庭や地域は、表面的には、子どもたちにとって望ましい生育環境とはいえなくなっていたということであろう。にもかかわらず、「そんなことしたって世の中が変わるわけではない。親の願いこそが教育と学校の根拠だし、俺がほんとうは気にしなければいけないことだ……」。その想いはつらく重かったのである。

その後の彼の実践の足跡をたどると、「学校は親を直接支えることはできない。しかし、俺はこの子らの精神的な親代わりにはなってやれる」という方向に向かっていることが読みとれる。実際に彼は子どもたちにそう言って教育を続けている。「俺はお前たちの親代わりだ」と本書のV章で私が述べたような教師像を、彼は地で具体化しようとしている。

「学校と地域」というテーマを考えると、教師の側に要求されるのは、まずこのことではないかと思う。教育の庶民的発想。子どもの後ろに親の顔が生きいきと具体的に見えるか否か。かつて丹後地方の渋谷忠らが追求したのは、まさしく、このことであった。教師がもし親たちと同じ所に住み、同じような生活をし、同じように苦労していたら、教育という仕事を、この親と子どもたちの生活の耕しというところから発想するだろう。それが、「地域と学校」をくっつけて考えるという意味にほかならない。『山びこ学校』（無着成恭）もそうだったし、『村の一年生』（土田茂範）もそうだ。

今、地域にはほとんど消費生活しかない。そのため、親の教育要求が学歴に焦点化されて、学力の具体的中身や人間形成そのものになかなか入ってこない。教師も親の顔のほんの一面しか見えない。しかも、教師自身、その地域に住んでいるわけではない。地域にとってよそ者である教師が、「地域と学校」といっても、どこか白々しさが残る。

ではどうするか。

やはり、親の生き様に共感し、それを支えていくという原点をもう一度確認していくしかないのではなかろうか。

2――現代の親の子育ての困難を深く知る

(1) 親自身の悩みを聞きとる

地域の親の生き様に共感し、ときに「共苦」しながら、「地域と学校」というテーマを考えていくとは、現代でいえば具体的にどういうことか。それは、まず、親が自分たちの悩みを具体的に聞いてもらえ、自分が生きる意味や子どもを育てる意義を深く考え感じることができる、そうした場を、学校や地域に柔軟につくっていくことではないだろうか。

現代の親にはこれまでの親とは微妙に異なるいくつかの特徴がある。消費的価値観が多様化しているので、意見の一致を求めても、容易には一致しない。「正しい」育児や「生き方」の知識をいやというほど聞かされてきているので、「正しい」ことを頭ごなしに言われても納得しないし、ときに反発する。評価のまなざしの強い競争的な価値世界で育ってきたので、他者の評価に敏感で、対人関係で過剰に気遣う。当然、傷つくことを避けたがる。逆に、自分のことを本音で話せる人を求めていて、強く聞いてもらいたがっている……。

ここから、現代の親に共感し、同時代人として接していくときの課題が出てくる。現代の親は、教師に必ずしも啓蒙的な役割を期待しているのではない。教師に対しても、ほんとうは深く接したいのだが、それは子どものことをあれこれ言われるという関係においてではなく、自分たちのことをわかってくれて、子どものこと以上に自分自身の悩みなどをしっかりと聞いてくれる関係においてである。

埼玉・上尾市の小学校教師・渡辺恵津子は、そのことに気づいて、学校で親が本音で語れる場を提供することを多様な形で追求している。たとえば学級懇談会の席で。親の授業参加の場を提供することで。親と交換日記をつけることで……（汐見編『こうすれば学校は変わる』大月書店、一九九九年参照）。

そうした場では、何か「正しい」ことを伝えたり、「合意」をつくったりすることが目的にはならない。そういうふうになってしまうと、すぐに親は白けてしまう。自分が主体ではなく、被教育的な客体にされてしまうことを感じとるからだろう。そうではなく、正直な自分を出せること自体が、そして、自分のことを深くわかってくれていると実感できる、そうした交わりの体験をすることそのものが目的なのである。そうした場と交わりの質を教師が提供できるかどうか。さしあたりこのことが問われている。

このことがだいじだということを我々教師自身が本音で感じとれるためには、自分自身の子育てのたいへんさ、むずかしさをあらためて自覚することがまず必要だろう。それと同時に現代の子育て事情と、子育て家庭支援の新しい動きについて、しっかりした認識をもつこともだいじになると思う。

(2) カナダの支え合いの子育てに学ぶ

現代の子育ての困難の背景と、どうすればもっと親がはつらつと子育てをし生きていくようになれるかを考えるための格好の本があるので、紹介しておきたい。つい先年亡くなった、小出まみさんの遺著『地域から生まれる支えあいの子育て』(ひとなる書房 一九九九年)である。小出さんは、ガンにあちこち蝕まれた身体にむち打って、何度も何度もカナダを訪ね、現地の温かく思いやりのあふれた子育て親支援、家庭支援策をなんとか日本に紹介しようとしてきた人である。詳細は紹介できないので、ぜひ本そのものを読んでほしいが、その基本は、「親は絶対に孤立した育児をしてはいけない。たいへんだと思ったら『助けて』と叫べ。そうすればみんなが助けてくれる。そうした支え合いの社会をつくろう」ということだと言ってよい。

赤ちゃんを生んだら、いつの間にか近所の人が来てくれて、毎日手伝ってくれる。子どもが二歳ぐらいになったら、同じようなお母さん四人とグループを作って、もちまわりで子どもを見合う。おかげで週に一回見れば三回は育児から解放される。ちょっと歩けば、子育てのリソースがすべてそろったリソースセンターがあり、ふらっと立ち寄ることが奨励されている。週に一回ぐらいは育児から解放されて夫婦で食事をすることが、むしろだいじだとされていて、そのためのシッターを近所の子どもたちが行なうようになっている、等々。（このことについては拙著『親子ストレス』平凡社新書、二〇〇〇年、『幼児教育産業と子育て』岩波書店、一九九六年を参照）

カナダに比べると日本は、子育てがうまくいかないと、その母親を非難する傾向がいかに強いかということがよくわかる。社会に支え合いのシステムが不十分なのに、あるいはだからというべきか、育児の責任は、はるかに強く親が背負わされる。そのために、親がどれほど苦労しているか、そしてそのなかでどのような問題が生じているか、今は、こうしたことを教師が具体的にわかっているかどうかが問われ始めている。現代の親の苦悩が深く想像でき共感・共苦できるようになれば、親を見る教師のまなざしも変わるはずで、また、先に述べたように、教室の子どもの姿の後ろに親の顔が具体的に見えるようになるはずである。そしてそうなったときはじめて、クラスでパニックに陥っている子がいても、単純にその親を責めるのではなく、その親のたいへんさがまず頭に浮かぶようになるだろう。

学校と地域をつないでいくというとき、現代では、このように、学校側が親の苦悩を深く受けとめて、親たちがその想いを存分に語れる場に学校がなっていくことがまず要求されていると考えるべきであろう。教師の、現代の親と子育てへの想像力が問われている。

(3) 地域社会に出て大人と出会う

親の生きざまに共感・共苦しつつ「地域と学校」をつないでいくという二番目の接近の仕方は、地域が抱えている諸課題に、子どもたちと共に、調査したり、解を見いだしたりしていくという実践に取り組むということである。

先に、総合学習とは何かというところで考えてみたことが、ここではそのまま「地域と学校」というテーマにリンクしていく。ただし、「地域と学校」すなわち「総合学習」というように同一視する必要はない。小学校の生活科のなかでもこのテーマは追求できるし、学活の一環としても取り組める。たとえば高知の小学校教師森尚水は、子どもたちに学校の周辺の地域や自分の生活地域に出かけて、何か問題を見つけてきて、それを四コママンガふうにしたてさせ、クラスで発表しあうという実践に取り組んだことで有名である。

子どもたちは、どこどこの家で猫の子がたくさん生まれたのでもらってくれる人がいないかと探していますというような「発見」を発表しあい、地域の人びとの抱えている小さな課題に挑もうとする。

またⅧ章で紹介したが、北海道の佐藤広也は、生徒たちに「ホーソーカ探偵団」のメンバーになるよう働きかけ、それぞれ探偵団の名刺をもって地域に出かけ、地域社会で問題になっていることやそれぞれの家庭で不思議に思っていることを見つけだして、クラスの新聞に発表していくという興味深い実践を工夫していて、やはり有名である。それらを出し合い、そのうちからみんなで探偵していくテーマを決め、みんなであれこれ情報を集めては集団検討し、合理的な解を見いだしていく。

こうした実践の意義は、

①なによりもまず、自分の住み、生活している地域に対して、そのままだと何気なく見すごして特別に関心はもたないのに、そこに人が生きていて、また喜びや悲しみ、ときに不安に彩られた豊かな人間模様があるということを子どもたちに気づかせることであろう。白黒でボヤーとしか見えていなかった地域社会が、鮮やかなカラーを伴って映ってくるような経験の変容である。

②そして二番目に、そのことによって、自分の住んでいる地域への「想い」のようなものを子どもたちに育てていくという効果が期待されることであろう。地域社会というのは、元来、そこで人びとがごく日常的な生活をする場であり、そこには政治、経済、文化、道徳、教育、福祉などの諸問題、さらには人間関係の諸相に至るまで、すべての人間の営みが存在していた。だからそこにていねいに足場をおいて生きれば、その地域が人間の（子どもの）心のあらゆる営みの「場」として内面化し、のちの「原風景」を構成する素材になっていく。原風景は、長じたのちも心が立ち返る「場」として、人間の自己回帰を支える心的メカニズムと

なるものである。人間は、何らかの「場」の中で生活するしかない存在だが、その「場」がまず地域社会であったとき、心の中に、家庭という「場」と学校という「場」の間をつなぐ自然と人間模様の織りなす豊かな「場」ができて、「場」の自然なコンステレーションができていく。

③森実践や佐藤実践の意義の三つ目は、そこで人と出会えるか否かにかかっている。地域には、さまざまな仕事をしている人が、かつては多くいた。そうした人と出会うとき、子どもの心には「大人」のイメージと「働く」というイメージが、漠然と形成されていったものであった。私自身は近所ののれんづくりの職人男性が、のれんを張って道端で細かにそののれんに模様や文字を描き入れていくというのをじっとみているのが好きであった。その能力の不思議さに圧倒されていたのだと思うが、今日考えると、そうした大人と出会い、その生きる様子をじっと観察することによって、私の中に「大人」であること（になること）のイメージと「働く」ということのイメージを幼いなりにつくっていたのだと思う。

その影響は、長じてもずっと残るように思う。つまり、地域社会は大人と出会う場でもあり、子どもに小さな人生モデルを提供する場でもあった。

この事情は大きく変わったかもしれない。しかしそれでも、地域社会にはさまざまな「本もの」をもった人がいるはずで、子どもたちはそうした「本もの」志向の人物と出会ったとき、希望や自己への期待をふくらませていけるのだと思う。地域社会はその意味で「人間形成」の場であったわけで、その地域をもう一度今日ふうに活性化させること、そのために地域の抱える諸課題に教師も生徒もともに取りくんでいくこと、これが「地域と教育」というテーマの内容のひとつになっている。

3――新しい生き方を模索する場を地域に

(1) 自分探しのための出会いと学びと協同の場

さて、地域と学校というふたつをどう結びつけていくかこのことをこんどは地域の側から考えてみたい。その際のヒントとなる動きがいくつか地域社会の中から出てきている。

東京の三鷹市に、地域にしっかりと根を下ろしながら、ひと味違う学習塾を運営してきた人たちがいる。その中心となっている佐藤洋作たちが、一九九九年一一月、NPO（特定非営利活動法人）文化学習協同ネットワークを発足させた。このネットワークは、地域の人たちが、自分たちの生きがいを求めてさまざまな学習をし、さまざまな人たちと交流し、協力して新しい地域の集いや文化を創造しようという目的をもっている。若者にとっては自分探しのための出会いと学びと協同のための場である。

具体的にどういう活動をしているのかを知るために、このネットワークが開催する「SCHOOL TO WORK――新しい働き方発見セミナー」の内容を見てみよう。六つの講座が用意されている。すなわち、①環境、②メディア、③手仕事、④福祉、⑤NPO、⑥食である。各回、その分野で興味深い仕事をしている人を講師に呼び、話を聞いてから参加者と講師で議論する。六つのテーマの選び方に見られるように、このNPOにはある哲学がある。実はこの文化学習協同ネットワークも参加し、二十代の若者が中心となって企画・編集して『カンパネルラ』という季刊雑誌が発行されている。この雑誌には、「新しい生き方・つながり発見マガジン」というキャッチコピーが書かれている。毎号、これまでのように試験の偏差値を上げて、大きな会社にはいることをめざして生きている人ではなく、そういう決められた生き方に疑問をもったり、そこからはずれてしまったり、一回そうした道に入ったけれども違和感を感じて出てきたり……というような人たちに呼びかけて、じゃあどう生きていけばいいのか、ということを考え合うものになっている。

その際、今までと異なった生き方をすることを傍流だと考えるのではなく、むしろ、大企業や役所に身を寄せて生きるよりも、この問題、この文化にこだわって生きてみたいと思ったなら、それを仕事にするような新しい生き方をめざすほうが、これからは本流になるという自負がそうした主張を支えている。私流に言い換えると、「新しい職人社会」をめざしている。

(2) 新職人社会へ——若者たちへの呼びかけ

現代という時代は、産業主義からどう脱皮していくかということを最大の歴史的課題として抱えているが、そのことを解決していくために、もう一度、歴史のなかでほんとうの文化をつくってきた人たちに着目する必要が生じている。実は、歴史のなかで文化を創造してきたのはすべて広義の職人であった。ただしここで職人といっているのは、もっとほんものにこだわりたい、もっとよいものをつくってみたいとこだわって、実際にそれをなした人をすべてさしている。明治から今日までの産業化、近代化を支えたのも、優れた技量をもった大量の職人的労働者であった。彼らがいたからこそ、一〇〇年足らずのあいだに、産業水準では世界に追いついたのである。

けれども、高度経済成長期以後、みんながサラリーマンという要領のよさが命のオールラウンダーをめざすようになって、職人志向、つまりもっといいもの、もっとほんものにこだわってみたいという志向をもった若い人を育てることがうまくできなくなってしまった。それが今日の経済不況の根底にあるし、若者たちが未来に希望を見出せないでいる背景にもなっている。

今や若者たちは、これまでのようなサラリーマンを人生の成功物語の最大の舞台と考えているとはかぎらない。そこからはみ出て、自分の人生を設計しようとしている者も、潜在的には多い。「フリーター」の多さがそれを証明している。でも、ではどうすればいいのか——そこがすぐにはわからない。だいたい、日本では、サラリーマン以外の人生の道があまり「正規」のルートとしては用意されていない。

また、おとなでも、将来の環境問題や高齢化社会、外国との共生などを考えると、これまでの価値観では生きていけなくなっていると感じ、新しい価値観と生き方を模索してみたいという人も、圧倒的に多くなっている。

こうした人たちのほとんどが、それを前向きにつまり義務感でなく、新しい生き方をしている人と出会って、楽しく考え合っていきたいと思っている。だから、多様な職種の人、さまざまな生き方をしている人が、気軽に集まれる場がほしくてしかたないのだ。現代風自由人をめざしているといってもよいだろう。

佐藤洋作たちのネットワークが興味深いのは、この組織が、今述べてきたような時代認識に支えられて、地域で多様な人が集える場をつくろうとしていることである。また、若者たちに積極的に職人をめざそうと呼びかけていることである。環境職人、福祉職人、メディア職人……。

こうした地域での動きが発展して、たとえば同じ地域の学校で、ネットワークのメンバーが授業をしたり、あるいは逆に、地域の高校生や中学生が、ネットワークの企画に参画してきたり、というような関係ができれば、地域と学校の関係は一挙に深まるだろう。そして学校をどんどんそうした組織に開いていけばよい。そうすれば地域と学校の関係は、いい意味で流動的になり、ざっくばらんな関係でつきあえ、お互いの垣根が急速に低くなっていくだろう。

4――少子化がもたらす地域の変容

（1）学校の多機能化が求められる時代

地域と学校の関係を考えると、昨今の少子化現象ということが、実に深く影響を与えていることに気づかされる。

そもそも学校は、放課後や休日、同じクラスの子と遊ぶということを支えてきたのであった。親も子どもが同級になるとつきあうようになる。学校が地域の人間関係をつくるように機能していたのである。

しかし、少子化がすすむと、とくに古い住宅地などでは、家のまわりに子どもの姿が見えなくなり、街自体が寂しくなってしまうし、親同士のつきあいも減っていく。極端になれば児童数の減少で学校の統廃合ということにもなってしまう。廃校になってしまうと、地域にはみんなを結びつける媒介項がなくなり、寂しさが極限化する。学校の廃校は街の廃墟化のシグナルである。運動会などもそうであろう。子どもが少なくなってきて、午前中で終わってしまう。応援も迫力がなく、もり上がりもなくなっていく。

こうした時代だからこそ、地域の人びとは積極的に学校にかかわって学校を多機能化すべきであろう。たとえば、千葉・習志野市の秋津小学校が地域住民とともに学校をつくるようになった下地には、子どもの減少にともなう教職員の減少から、地域の人びとが運動会の設営や後片づけを自主的に手伝うようになっていたことがあった。「運動会を地域と合同で開きたい」という校長の提案に、それまであったＰＴＡやお年寄りの参加種目をさらにすすめて、地域の人たちみんなが楽しめる運動会をつくっていったのだ。

今、秋津小では、地域の将棋の指導員の方が将棋クラブに参加していたり、家庭文庫のお母さんたちが行なう「学校おはなし会」が正規の国語の授業の一部を担っていたりというような関係ができていて、日常的に親や地域の人びとが学校に出入りしている。そうなればそうなるで、また新たな問題ももち上がるだろうが、さしあたりは、こうした自由な協力関係とそれを通じた学校の多機能化をぜひあちこちで実現しておきたい。

秋津小のように、学校を地域の文化センターとして活用しようという動きも出てくるだろう。秋津小では、生涯学習のセンターとして学校の空き教室を活用しているが、光熱費などの公費の出費は年間約三万円ほどで、年間のべ一万二〇〇〇人の利用があるという。

たいせつなことは、少子化がすすむと、このようにして学校に地域住民が集まる工夫をしないと、地域住民自身が交わるきっかけをいっそうなくしてしまうということである。逆に言うと、学校が人びとをうまくつなげる場にならないといけない時代を迎えているということである。

5――地域づくりは自治の精神によってこそ

(1) 自治の伝統なき国――日本

こうしてみると、学校と地域との関係を密にしていくという課題は、実は地域をつくりかえていくということにほかならないということが理解されるのではないだろうか。

もともと、地域ということばは、たんなる近所というような意味ではない。もとのことばはコミュニティであるが、コミュニティとは、政治的にも、文化的にも、さらに経済的にも、自分たちだけで自立してやっていける最小限のまとまりを指していた。地域ということばは共同体ということばと親類なのである。したがって、地域という語がもしもとの意味をもとうとすると、そのまとまりのなかで住民の経済生活を全部まかなわなければならないことになり、現代では厳密には不可能であることがわかる。というか、地域にそれほど強い閉鎖性と自立性は今は要求しなくともよいということである。

残念ながら、日本は明治以来、制度が上からつくられたところがほとんどだったので、自分たちが、その住んでいる場の主人公なのだという感覚をもつことは比較的弱い。欧米の多くの国では、街に高層マンションを建てようとしても、住民が反対すれば建てられないというのが当然になっている。住環境の諸問題の決定権をできるだけ住民にゆだねていこうとする思想であるが、日本の場合は反対運動をしても、けっきょくは土地を買って持っているものが優先されることが多い。これは「中央」ないし経済界の決めたことだから、地域住民は口出しはできない、という思想である。こうして地域というのは実質的には中央に従う出先機関＝「地方」となっていったのが戦後の歴史であった。〈地域の地方化〉という形で問題を提起したのは先に触れた上原専禄であったが、この傾向は高度成長期に強まり、あちこちで地域の固有性がなくなっていった。

(2) 自治の精神と地域――地域のことはその住民自身が決める

地域がその名に値するためには、そこの住民の生活やその場の自然環境を守るために住民が自主的に決定していく権利をもっていること、すなわち自治の精神がなければならないだろう。かつて、北海道の小さな街に招かれたとき、そこの町長と教育長から、「どうすれば、若者がこの街から出ていかないような教育ができるのか」と聞かれたことがあった。私は、それはある意味でかんたんだと答えた。まず中央が要求してくる国家カリキュラムと断絶する宣言を国に出すこと。

そして、私たちは自前でこの街のカリキュラムをつくりますと宣言して、地域の関係者全員でその街のカリキュラムをつくっていくこと。その際、「〝おらが街〟を世界一の○○の街にするのだ」というような夢と迫力を育てられなければ、若者は残らないだろう。小さな地域が世界と張り合う、そういう夢を育てられれば、可能性が少し見えてくる、ということをつけ加えた。

埼玉県の入間市では、これ以上民間業者の勝手な開発を許すことができないとして、幼稚園や保育所、そして学校関係者、教育委員会のメンバーが集まって、「トトロの森を残そう」と集まって活動している。目標は、街のどこでもキャンプできる街づくりである。

たいせつなのは自治の精神である。地域のことは、地域住民が決める、自分たちで決められないことは、納得のいく人に任せる。そうした決定・選択の主体性が地域の住民にあるということである。

東京の品川区等で行なわれ始めた学校選択の自由化の動きについてもこうした視点からの評価が必要であろう。一方で、初等教育での学校選択が自由化されることによって、同じ地域に住んでいる子どもたちが別の学校に行ってしまい、放課後、共同の生活が十分に展開できなくなる可能性などの問題がクリアされていないという問題がある。他方で、住民が要求してそうした制度が発足したのではなくて、上から下ろされて導入されたという形式が問題になると思われる。地域と学校の連携というテーマは、教育の意志決定が住民により多くゆだねられるシステムをつくるということを合意しており、そのかぎりにおいても上意下達での選択方式の導入は大いに問題があると言わねばならないだろう。

国は現在、たてまえとしては「地方分権」化を進める方針を採用した。明治以来長く続けてきた国家主導型の行政システムは、身動きのできない制度疲労が生じていて、住民ニーズの多様性に対応できる、きめの細やかなシステムに切りかえるべきだというのが理由づけである。実際には、金は出さないが仕事は押しつけるという形で地方におろしてきているきらいがなきにしもあらずであるが、しかし条件は明らかに変わってきている。自治体が、形のうえでは「住民参加」型行政が二一世紀型行政のひとつの課題だと言い始めたのは、必ずしもリップサービスではない。けれども現実には自治体ごとの姿勢の違いや、住民ニーズの配慮への温度差が生まれてきていて、総体としてはバラつきが多くなってきている。

今後の教育が、個々の自治体の教育委員会と教員の働きの質にかかる度合いは、まちがいなく拡大してきている。できるならば自治体の改革への動きの相互交流の場をつくること、および自治体内の改革の動きをチェックする教育オンブズマン制度のようなものをたちあげていくこと、この二つが実現していけば、新たな教育行政システムも実効性をますと思われる。

(3) 住みたいと思える町を自分たちの手で

地域づくりとは、住民が主人公感覚を拡大し、自治の担い手として自覚し、自分たちの町や村を、自分たちで育てていく一切の運動を指している。学校づくりは、今、こうした地域づくりに組み込まれて追求されるのが望ましい。なぜなら、学校こそ、地域の中の文化拠点であり集いの場であるべきだし、そのことがいっそう求められる時代となっているからである。こうしたことが可能になるためには、当然、地域で先の三鷹の文化学習協同ネットワークのような広義の地域づくり運動が始まらなければならないし、教師は、そうした運動に関心を向けなければならない。もし地域にそうした動きがなければ、教師が呼びかけて、新しい試みを始めることもできるだろう。その過程で社会教育と学校教育を峻別していた従来の行政的枠組みも変えられていくだろうし、教育と福祉の相互浸透もすすむであろう。

二一世紀に向けた地域づくり＝学校づくりは、こうして、地域から無数に新しい生き方と文化と自治を創造していく営みとなっていかねばならない。それは、とりも直さず、自分たちが、ここに生まれ育ってよかった、ここに住みたいと思える町を、ほかのだれでもない自分たち自身の手でつくるということを決意することにほかならない。

〈文献一覧〉

＊本文で引用、言及した著作と参照した文献のうち、現場の教師たちにとって比較的手に入りやすく、読みやすいと思われるものに限定した。講座ものや関連する専門書は、これらの文献のレファレンスを参考にしてほしい。

はじめに

エレンケイ／小野寺信、百合子訳『児童の世紀』（冨山房、一九七八年）

I

汐見稔幸、井上正允、小寺隆幸編著『時代は動く！　どうする算数・数学教育』（国土社、一九九九年）

和田秀樹、西村和雄、戸瀬信之『算数軽視が学力を崩壊させる』（講談社、一九九九年）

岡部恒治、戸瀬信之、西村和雄編著『分数ができない大学生』（東洋経済新報社、一九九九年）

苅谷剛彦『変わるニッポンの大学─改革か迷走か─』（玉川大学出版会、一九九八年）

ハンナ・アレント／志水速雄訳『人間の条件』（ちくま学芸文庫、一九九四年）

宮本常一『忘れられた日本人』（岩波文庫、一九八四年）

I・イリイチ『シャドウ・ワーク─生活のあり方を問う─』（岩波書店、一九八二年）

市川伸一・和田秀樹『学力危機』（河出書房新社、一九九九年）

『世界』二〇〇〇年五月号（岩波書店）

Ⅱ
汐見稔幸『ほめない子育て』（栄光教育文化研究所、一九九七年）
汐見稔幸『地球時代の子どもと教育』（ひとなる書房、一九九三年）
汐見稔幸『親子ストレス』（平凡社新書、二〇〇〇年）
尾木直樹『思春期ばんざい』（草土文化、一九八九年）
戸坂潤／解説小川晴久『認識論』（青木書店、一九八九年）
無着成恭『山びこ学校』（岩波文庫、一九九五年）
鈴木正気『川口港から外港へ』（草土文化、一九七八年）
丹羽徳子『明日に向かって』（草土文化、一九八二年、「生活綴方恵那の子別巻2―2 丹羽徳子の生活綴方教育 上・下」）
上原専禄『国民形成の教育』（『上原専禄著作集 14』「国民形成の教育 増補」評論社、一九八九年）
河内徳子他編『学習の転換』（国土社、一九九七年）
くもん子ども研究所『日本の教育何が問題なのか』（くもん出版、一九九八年）
久冨善之編著『調査で読む学校と子ども』（草土文化、一九九三年）

Ⅲ
宮原誠一『青年期の教育』（岩波新書、一九六六年）
国民教育研究所編『公害学習の展開』（草土文化、一九七五年）
梅根悟・海老原治善・丸木政臣編『総合学習の探究』（勁草書房、一九七七年）

鈴木正気『川口港から外港へ』（草土文化、一九七八年）
大田堯『教育とは何か』（岩波新書、一九九〇年）
大田堯責任編集『学校と環境教育』（東海大学出版会、一九九三年、環境教育シリーズ2）
行田稔彦・園田洋一編著『はじめての総合学習―和光鶴川小学校の計画と実践―』全三巻（旬報社、一九九九年）
行田稔彦他編著『和光小学校の総合学習』全三巻（民衆社、二〇〇〇年）
佐々木勝男『「学び」の共同をつくる社会科の授業』（あゆみ出版、一九九八年）
大津和子『国際理解教育』（国土社、一九九二年）
ライト・ミルズ／鈴木広訳『社会学的想像力』（紀伊国屋書店、一九九五年）

Ⅳ

渡部淳著『海外帰国生』（太郎次郎社、一九九〇年）
ＩＣＵ高校・渡部淳編『世界の学校から―帰国生たちの教育体験レポート―』（亜紀書房、一九八九年）
渡部淳・和田雅史編著『帰国生のいる教室―授業が変わる・学校が変わる―』（日本放送出版協会、一九九一年）
Ｐ・フレイレ／小沢他訳『被抑圧者の教育学』（亜紀書房、一九七九年）
LITERACY,A Redefinition,edited by NJ,Ellsworth et al,1994.
菊池久『〈識字〉の構造――思考を抑圧する文字文化』勁草書房、一九九五年
Ｊ・Ｅ・スタッキー／菊池久訳『読み書き能力のイデオロギーをあばく――多様な価値の共存のために』（勁

草書房、一九九四年）
W・オング／桜井直文他訳『声の文化と文字の文化』（藤原書店、一九九一年）

V

斎藤学『「家庭」はこわい』（日本経済新聞社、一九九七年）

VI

オースティン／坂本百大訳『言語と行為』（大修館書店、一九七八年）
岡田敬司『かかわりの教育学―教育役割くずし試論―』（ミネルヴァ書房、一九九三年）
近藤邦夫『教師と子どもの関係づくり―学校の臨床心理学―』（東京大学出版会、一九九四年）

VII

鈴木正気『川口港から外港へ』（草土文化、一九七八年）
今泉博『どの子も発言したくなる授業』（学陽書房、一九九四年）
仲本正夫『学力への挑戦―〝数学だいきらい〟からの旅立ち』（労働旬報社、一九七九年）
仲本正夫『自立への挑戦―ほんものの学力とは何か―』（労働旬報社、一九八二年）
仲本正夫『数学が好きになる―新しい世界の発見―』（労働旬報社、一九八八年）
外山不可止『子どもと学ぶ日本のコメづくり』（地歴社、一九九四年）

VIII

近藤邦夫・汐見稔幸編『これからの小学校教師』(大月書店、一九九七年)
ジャンニ・ロダーリ/窪田富男訳『ファンタジーの文法』(筑摩書房、一九七八年)

IX

林道義『父性の復権』(中公新書、一九九六年)
斎藤学『子どもの愛し方がわからない親たち』(講談社、一九九二年)
斎藤学『「家族」という名の孤独』(講談社、一九九五年)
斎藤学『アダルト・チルドレンと家族』(学陽書房、一九九六年)
斎藤学『「家族」はこわい』(日本経済新聞社、一九九七年)
山田昌弘『近代家族のゆくえ』(新曜社、一九九四年)
吉田和子『フェミニズム教育実践の創造』(青木書店、一九九七年)
小此木啓吾『家庭のない家族の時代』(ちくま文庫、一九九二年)
落合恵美子『21世紀家族へ〔新版〕』(有斐閣選書、一九九四年)
落合恵美子『近代家族とフェミニズム』(勁草書房、一九八九年)
グループ「母性」解体講座編『「母性」を解読する』(有斐閣選書、一九九一年)
バーバラ・K・ロスマン/広瀬洋子訳『母性をつくりなおす』(勁草書房、一九九六年)
橘由子『主婦になりきれない女』(ブロンズ新社、一九九九年)
汐見稔幸『幼児教育産業と子育て』(岩波書店、一九九六年)

松本美津枝『大人ってりっぱみたい』（国土社、一九八五年）
E・フロム／日高六郎訳『自由からの逃走』（東京創元社、一九五一年）
T・W・アドルノ／田中・矢沢訳『権威主義的パーソナリティ』（青木書店、一九八〇年、現代社会学大系 12）

X

岩辺泰吏『ランドセルが運ぶ風』（新日本出版社、一九八七年）

XI

無着成恭『山びこ学校』（岩波文庫、一九九五年）
土田茂範『村の一年生』（国土社、一九九二年　現代教育一〇一選 48）
汐見稔幸編『こうすれば学校は変わる』（大月書店、一九九九年）
小出まみ『地域から生まれる支えあいの子育て』（ひとなる書房、一九九九年）
汐見稔幸『幼児教育産業と子育て』（岩波書店、一九九六年）
竹内常一『日本の学校のゆくえ』（太郎次郎社、一九九三年）
「カンパネルラ」編集委員会　季刊雑誌『カンパネルラ』

あとがき

教育学とは、親や教師が育児や教育に悩む、その悩みに深くつきあい、苦悩を共有しながら、その中から少しでも光明を見つけようと格闘する学問である。こう私は考えてきた。この考えは今も変わらない。教育のことを考えるときの気持ちは基本的に教師や親とともにある。

しかし、一九八〇年代に入る頃から日本の教育現場を襲ったさまざまな困難は、この現場との共感・共苦を原点とするという私なりの学問のあり方、イメージを大きくゆさぶった。何か見えない、一見はでやかだがその実、暗く重いものにつき動かされているような困難。その正体を見極めきれないまま、当面の弥縫策《びほうさく》に走ってかえって事態をこじらせているかの現場。そこに、安易な共感・共苦は成り立たないと感じるようになった。私自身がニヒリズムに陥らないようにするには、一回、この関係の世界を出なければならないのではないか、あるいは、別の現場から教育なるものをとらえ直してみる必要があるのではないか、そういう想いにとらわれたのだった。

そうして私は学校という現場やそこで苦悩する教師たちとの共感・共苦関係を少し離れ、育児や保育という、「教育」の前提を構成している関係の世界に入って、そこで親や保育者とそれまでとはちがう形で共感・共苦関係を築き始めた。九〇年代に入ってからは、アジアやアフリカ地域で活躍するNGOのメンバーとの交流をもつようになった。

そこで見出したものは、一言ではとても言いあらわせないが、大きかったのは、一方で学校を成立させる前提となる世界自体の大きな変動と異変であり、にもかかわらずそこにグチを言いながら明るさをめざして情熱をかける保育者たちの生き方であった。同じことはＮＧＯのメンバーたちからも感じとった。

学校という現場を一回離れて、あらためて学校と教育をながめると、何が見えてくるのか。そのことをここ数年間は、再び現場教師たちと語らい合いながら議論してきた。

本書には、その私の想いのようなものが反映していると思っている。おそらく、学校を「学校的なもの」から解放すること、〈教育〉を「教育的」なものからときはなつこと、そして家庭、地域、学校を串刺しにするような論理を見つけ出すこと、何よりも共生的な文化にこだわること、そういう私なりの想いが本書に通奏低音のように流れているのを感じとって下さればと思う。

拙い文章をまとめる機会を与えて下さったひとなる書房に感謝したい。この本と並行して、戦後の教育学についてまとめた本を準備しているが、この本をまとめることによって、書く意欲がもう少し出てきたことを感謝したい。

二〇〇〇年一〇月

汐見稔幸

〈初出掲載一覧〉

※本書は、これまですでに書いてきたものに、今回新たに書き下ろした内容を加えてまとめたものである。すでに発表したものの初出掲載は以下の通りであるが、本書をまとめるにあたって、加筆、削除、訂正が行なわれている。

第一部　二一世紀の学力観

Ⅰ　「学力低下」の本質と時代の求める新たな学力

・「学力『低下』問題と新たな学力形成の課題としての総合学習」、教育科学研究会編『教育』二〇〇〇年二月号、国土社

Ⅱ　日本の子どもの人間形成上の課題

・「日本の教育、何が問題なのか」、くもん子ども研究所『日本の教育何が問題なのか』一九九八年、くもん出版

Ⅲ　多文化共生型の学力形成と総合学習

・書き下ろし

Ⅳ　基礎学力概念の再検討

・「今日におけるリテラシーの形成」、教育科学研究会編『教育』一九九六年六月号、国土社

第二部　「教育」からの脱皮

Ⅴ　「教師」からの脱皮

・「新たな〈教師〉像を求めて」、近藤邦夫・汐見稔幸編『これからの小学校教師』一九九七年、

大月書店

Ⅵ　子どもは教室で何を学んでいるか

・「授業実践の創造の試み――まとめ」同右

Ⅶ　授業の類型化の試み

・「子どもの学びと授業」、民主教育研究所編『季刊人間と教育』一九九五年、旬報社

Ⅷ　〈学び〉の授業のさまざまな可能性

・「『学び』の独自性と『教え』――新しい『教え』研究のために」教育科学研究会編『教育』一九九七年九月号、国土社

第三部　家庭・学校・地域の未来

Ⅸ　現代の家族問題と「心の教育」

・「現代の家族問題と『心の教育』」、教育科学研究会編『教育』一九九八年七月号、国土社

Ⅹ　柔らかい開放系のシステムづくりを

・「柔らかい開放形のシステムづくりを」、教育と医学の会編『教育と医学』一九九六年五月号、慶應義塾大学出版会

Ⅺ章　学校を地域に開く

・「住みたいと思えるまちを自らの手でつくる」、日本子どもを守る会編『こどものしあわせ臨時増刊号』二〇〇〇年六月、草土文化

〈著　者〉

汐見　稔幸（しおみ　としゆき）

1947年、大阪府生まれ。東京大学大学院教育学研究科博士課程修了。現在、白梅学園大学学長。専攻は教育学、教育人間学。主な著書に『地球時代の子どもと教育』（ひとなる書房）、『幼児教育産業と子育て』（岩波書店）、『親子ストレス』（平凡社新書）、『こうすれば学校は変わる』（共著、大月書店）、『学力を伸ばす家庭のルール』（小学館）、『乳児保育の基本』（共編、フレーベル館）、『子どもの育ちと環境』（共著、ひとなる書房）ほか多数。

「教育」からの脱皮

―21世紀の教育・人間形成の構図―

2000年11月3日　初版発行
2008年10月15日　三刷発行

著　者　汐見稔幸
発行者　名古屋研一

発行所　（株）ひとなる書房
東京都文京区本郷2－17－13
広和レジデンス
電話 03(3811)1372
FAX 03(3811)1383
e-mail:hitonaru@alles.or.jp

印　刷　株式会社シナノ